OS CONSTRUTORES DA PAZ

Caminhos da prevenção da violência

Maria Tereza Maldonado

Formada em Psicologia pela Pontifícia Universidade Católica do Rio de Janeiro, onde também fez o mestrado em Psicologia Clínica. Foi professora na mesma universidade e na Universidade Santa Úrsula. É membro da *American Family Therapy Academy*. Atua como palestrante e consultora nas áreas de Saúde e Educação.

Site: www.mtmaldonado.com.br

www.youtube.com/user/terezamaldonado

3ª edição

São Paulo, 2012

MODERNA

2ª edição, 2004
1ª edição, 1997

MODERNA

COORDENAÇÃO EDITORIAL: Lisabeth Bansi
ASSISTÊNCIA EDITORIAL: Paula Coelho
PREPARAÇÃO DE TEXTO: Ana Catarina Nogueira
COORDENAÇÃO DE PRODUÇÃO GRÁFICA: Dalva Fumiko N. Muramatsu
COORDENAÇÃO DE EDIÇÃO DE ARTE: Camila Fiorenza
PROJETO GRÁFICO/CAPA: Camila Fiorenza
DIAGRAMAÇÃO: Cristina Uetake, Vitória Sousa
COORDENAÇÃO DE REVISÃO: Elaine Cristina del Nero
REVISÃO: Dirce Yamamoto
COORDENAÇÃO DE TRATAMENTO DE IMAGENS: Américo Jesus
PRÉ-IMPRESSÃO: Alexandre Petreca, Everton L. de Oliveira Silva, Helio P. de Souza Filho, Marcio H. Kamoto
COORDENAÇÃO DE PRODUÇÃO INDUSTRIAL: Wilson Aparecido Troque
IMPRESSÃO E ACABAMENTO: Corprint Gráfica e Editora Ltda.

Dados internacionais de Catalogação na Publicação (CIP)
(Câmara Brasileira do Livro, SP, Brasil)

Maldonado, Maria Tereza
Os construtores da paz : caminhos da prevenção da violência / Maria Tereza Maldonado. – 3. ed. – São Paulo : Moderna, 2012. – (Coleção polêmica)

Bibliografia.

1. Cidadania. 2. Comportamento social 3. Violência – Aspectos sociais I. Título. III. Série.

ISBN 978-85-16-08040-2

12-06752 CDD-303.6

Índices para catálogo sistemático:
1. Violência : Sociologia 303.6

EDITORA MODERNA LTDA.
Rua Padre Adelino, 758 – Belenzinho
São Paulo – SP – Brasil – CEP 03303-904
Vendas e Atendimento: Tel. (011) 2790-1300
Fax (011) 2790-1501
www.modernaliteratura.com.br
2012
Impresso no Brasil

A todos aqueles que, conhecidos ou anônimos,
em grandes feitos ou em momentos simples do cotidiano,
contribuem para a tecelagem da harmonia e da paz.

Sumário

Introdução

Na história da humanidade, a raiva, o ódio e a violência sempre existiram. O amor, a solidariedade e a cooperação também. Em cada um de nós, há o potencial de amorosidade e de agressividade. É preciso expandir o primeiro para nutrir a capacidade de amar e de ser solidário. A agressividade é necessária para lutar pelos próprios direitos, indignar-se com as injustiças e ter persistência para batalhar por metas de vida. No entanto, o impulso agressivo, quando não é bem cuidado, pode transformar-se em ódio e violência, tornando-se, portanto, destrutivo.

É grande o índice de estresse e de violência no mundo. O potencial de amorosidade se "encolhe" com a falta de solidariedade e com a atrofia da sensibilidade para com o sofrimento dos outros. O potencial da agressividade explode em ódio e violência no trânsito e nos estádios de futebol. O abuso de drogas (incluindo o álcool) e a facilidade de acesso às armas de fogo resultam no aumento do número de homicídios, e isso já se tornou uma das principais causas de morte entre os jovens. Cresce a massa dos excluídos, decresce o valor da vida. A extrema desigualdade existente na distribuição de renda aumenta drasticamente o abismo entre miseráveis, pobres e ricos. A intolerância perante a diferença de religiões e de etnias acirra conflitos, desembocando em atos de hostilidade e em guerras civis.

Compreender os processos de transformação dos sentimentos e regular a impulsividade depende, na verdade, de um trabalho persistente que precisamos fazer **dentro** da gente a vida inteira. Há muitas pessoas que não conseguem "segurar a raiva" e acabam sendo violentas até mesmo com os próprios familiares. É expressivo o índice de violência doméstica que resulta em abuso físico (mulheres, crianças e jovens espancados), negligência, abandono, abuso sexual, abuso psicológico (atitudes violentas, como gritar, humilhar, aterrorizar, rejeitar).

O esforço de entender nossos próprios sentimentos e os dos outros é também um trabalho de uma vida inteira, principalmente quando procuramos perceber como os sentimentos se transformam. Por exemplo, mágoa, tristeza, frustração podem transformar-se em raiva. O estresse, a sobrecarga de preocupação ou de trabalho, a carência de satisfação de necessidades básicas para a sobrevivência também se transformam em maior irritabilidade, o que pode resultar em condutas hostis e violentas. Pessoas que gostam pouco de si mesmas (baixa autoestima) e se sentem rejeitadas podem acabar virando "porco-espinho", tornando-se ásperas, hostis, fechadas a qualquer tipo de aproximação. A necessidade de obter atenção pode motivar condutas de muita provocação e insistência indevida, que acabam "chamando a raiva" dos outros. Tudo isso acaba aumentando o nível de conflitos no relacionamento e aprofundando o desamor.

Os seres humanos são capazes de agir com violência, mas também são capazes de controlá-la. A agressividade é inata, mas isso não significa que a violência e a guerra sejam inevitáveis. Se guerrear faz parte da natureza humana, construir a paz também faz. Assim como a violência, a cooperação também pode ser contagiosa. Que vírus cada um de nós vai escolher disseminar?

Alcançar a paz – dentro da gente, entre as pessoas, entre as nações – é um trabalho de uma vida inteira, e sua construção depende de esforço permanente. As pesquisas sobre as causas da violência, feitas em vários países, apontam para um grande número de fatores: a excessiva exposição de crianças e jovens a cenas violentas, na mídia ou no ambiente em que vivem; o abuso de álcool e de outras drogas (especialmente a cocaína e o *crack*); o fácil acesso a armas; o crime organizado; o abuso e a negligência de crianças; a impunidade e a falta de assistência do governo; a miséria e o desemprego.

Isso significa que a violência não tem uma causa simples e, portanto, não se pode encontrar uma solução simples: o controle da violência instituída precisa do trabalho coordenado de muita gente, em várias frentes. Significa, também, que é **muito importante começar a trabalhar mais intensamente na prevenção da violência por meio da construção** da paz. Isso já está sendo feito nos países que começaram a estabelecer programas de educação para a paz.

As Nações Unidas declararam o ano 2000 como o Ano Internacional da Cultura da Paz e a década de 2001 a 2010 como a Década Internacional da Cultura da Paz e da Não violência para as Crianças do Mundo. Antes disso, em 1994, a Organização para a Educação, Ciência e Cultura (Unesco) lançou, oficialmente, o Programa da Cultura da Paz, coordenando o trabalho de centenas de instituições voltadas para o desenvolvimento de um mundo melhor e mais justo para todos. A cultura da paz é definida pelas Nações Unidas como um conjunto de valores, atitudes, condutas e estilos de vida que rejeitam a violência e previnem conflitos, indo às suas raízes para resolver os problemas pelo diálogo e pela negociação entre indivíduos, grupos e nações. Em 2010, o *site* da Unesco contabilizou mais de 75 milhões de pessoas e milhares de organizações em mais de 160 países que haviam aderido ao movimento pela disseminação da cultura da paz.

É essencial – entre outras ações – transmitir a crianças e jovens maneiras de resolver impasses e conflitos por meios não violentos. Em palavras simples: para brigar menos, é preciso combinar mais, fazer acordos que levem em consideração as necessidades de ambas as partes, encontrar soluções razoavelmente satisfatórias para todos. Pesquisadores de vários países chegaram à conclusão de que os principais fatores capazes de reduzir a violência são:

melhor interação entre pais e filhos; identificação com modelos positivos; participação da comunidade no combate à violência; envolvimento positivo da polícia com a comunidade.

Não há sociedade sem conflito. Não podemos eliminar o conflito, pois ele é parte natural da vida. Porém, não se deve confundir conflito com violência – o desejo intencional de prejudicar os outros para atender às próprias necessidades. Impasses e conflitos surgem, inevitavelmente, nos relacionamentos humanos, porque brotam das próprias diferenças de temperamento, desejos, necessidades e valores, que existem entre as pessoas. No entanto, os conflitos não são necessariamente ruins, nem desembocam sempre em discórdia. Podemos transformar o conflito, de discussões enraivecidas, brigas pelo poder, violência e guerras, em diálogo, negociação e democracia. Isso pode ser feito na família, no trabalho, nas comunidades, no mundo. É preciso aprender a cooperar mais, em vez de usar força e coerção. O conflito destrutivo é a principal barreira para a cooperação.

Para que o conflito seja terra fértil para o exercício da democracia (incluindo a "democracia doméstica"), e para a criação de soluções compartilhadas entre todos, é preciso exercitar a arte da "escuta sensível", ou seja, entender e captar o que está nas entrelinhas das palavras, da linguagem corporal e dos atos. É o desenvolvimento da arte de ouvir o que o outro diz, compreender as diferenças entre o outro e nós mesmos, numa atitude de respeito e de consideração. O que pensam os outros, qual a sua maneira de olhar a situação, o que sentem? A capacidade da escuta é o alicerce para a construção dos "acordos de bom convívio".

Quando famílias, escolas e empresas querem melhorar o clima de convivência e procuram um consultor, há três perguntas que costumam ser feitas:

1. O que querem mudar? Geralmente, nesta resposta, todos estão de acordo: querem viver melhor, com mais entendimento e menos confusão.

2. O que cada um acha que precisa acontecer para essa rede de relacionamentos funcionar melhor? A resposta típica é apontar as mudanças que os outros precisam fazer. No entanto, se cada um ficar esperando até que o outro mude, ninguém vai dar o primeiro passo e o convívio continuará ruim.

3. O que cada um pode fazer para melhorar a qualidade do convívio? É a pergunta mais difícil, porque envolve assumir responsabilidade e iniciativa de mudança. No entanto, esse é o caminho do poder interior. Em famílias, escolas e empresas, se pelo menos uma pessoa decidir fazer mudanças construtivas, os efeitos positivos repercutirão em toda a rede de relações.

A construção do bom convívio depende da predominância do amor e da prática de recursos de comunicação, mediante os quais as pessoas aprendem a falar do que não gostam sem ofender, humilhar ou atacar os outros. Com isso, forma-se a postura de atacar o problema sem atacar as pessoas e torna-se possível criar "acordos de convívio", construindo um clima harmônico nos relacionamentos.

A mudança de consciência necessária para passar da cultura da violência para a cultura da paz é o Novo Paradigma: a passagem de uma sociedade de crescimento industrial, dependente do consumo progressivo dos recursos naturais, para uma sociedade que sustenta a vida, compartilhando o planeta com todos os outros seres vivos.

Portanto, o objetivo deste livro é refletir sobre nossa capacidade de ampliar recursos de comunicação e de ação para resolver impasses e conflitos por meios não violentos, cuidando melhor de nós mesmos, dos outros e do ambiente. Com isso, esperamos aumentar o contingente de **construtores da paz**.

Convém esclarecer que os depoimentos contidos neste livro são verdadeiros, porém os nomes das pessoas são fictícios; a data e o local de palestras, cujo material é citado, também foram omitidos, por questões de sigilo ético.

Vamos examinar, também, programas que estão dando certo para controlar e prevenir a violência, no Brasil e em outros países. É preciso que cada um de nós trabalhe pela causa da paz dentro de si mesmo, com familiares, amigos, colegas, grupos de convivência, para que, enfim, toda a sociedade participe do incessante trabalho de construir a paz.

1. O que é violência? Expressões e raízes

De modo geral, podemos definir violência como sendo o **uso de palavras ou ações que machucam as pessoas.** É violência, também, o **uso abusivo ou injusto do poder**, bem como o **uso da força que resulta em ferimentos, sofrimento, tortura ou morte.**

É possível distinguir alguns tipos de violência: a estrutural e sistêmica, e a doméstica ou intrafamiliar.

1.1 Violência estrutural e sistêmica

Para o geógrafo Milton Santos, a violência estrutural é a mãe das outras formas de violência. Algumas de suas manifestações são: a ganância pelo dinheiro, a competitividade desenfreada e a busca do poder em estado puro. Para Cecília Minayo, do Centro Latino-

-Americano de Estudos de Violência e Saúde (Claves), a violência estrutural caracteriza-se pelo destaque na atuação das classes, grupos ou nações econômica ou politicamente dominantes, que se utilizam de leis e de instituições para manter sua situação privilegiada, como se isso fosse um direito natural. Para a socióloga Elise Boulding, a violência estrutural engloba os efeitos das grandes empresas transnacionais e das instituições monetárias internacionais sobre o desenvolvimento local de países do Terceiro Mundo. Caracteriza-se também como agressão ao ambiente e seu impacto na população, como, por exemplo, a desigualdade no acesso à água: no V Fórum Mundial da Água, realizado em Istambul em 2009, calculou-se que mais de 1 bilhão de pessoas não possuem acesso a água doce no mundo, já que não está havendo compromissos políticos suficientes para reverter essa tendência. Isso é um problema de atitude e de comportamento. Entre os países com melhor qualidade de água estão Finlândia, Canadá e Nova Zelândia.

Um dos grandes problemas do século XXI é a quantidade, distribuição e qualidade da água. Mais de dois milhões de pessoas morrem a cada ano de doenças devidas ao consumo de água contaminada e à falta de saneamento. Há crise global de escassez, declínio rápido dos recursos devido ao crescimento da população, poluição e mudanças climáticas. A crise da água toca no âmago da questão da nossa sobrevivência no planeta.

O desafio deste século é aprofundar o exame das bases estruturais da violência no mundo atual e descobrir como transformar essas estruturas de modo viável para implantar a cultura da paz. A economia da cultura da paz significa viver respeitando a capacidade do planeta de renovar seus recursos (ecodesenvolvimento ou sustentabilidade). Por sua vez, o movimento do ecodesenvolvimento implica o reconhecimento da interdependência da espécie humana com todos os seres vivos, uma nova visão do planeta. É preciso reconhecer a extensão dos estragos causados pelo aumento da população, pela industrialização, pela urbanização. Devido ao desmatamento, à contaminação do solo e das águas, à monocultura com excesso de fertilizantes e pesticidas, o solo e a água estão sendo degradados. O megassistema de produção, distribuição e consumo vigente na economia atual está mais ligado ao estado de guerra e de capitalismo predatório do que ao de paz.

A violência estrutural, portanto, refere-se às condições adversas e injustas da sociedade para com a parcela mais desfavorecida de sua população. Ela se expressa pelo quadro de miséria, por má distribuição de renda (salário mínimo que não cobre as necessidades básicas), exploração dos trabalhadores, crianças nas ruas (mendigando, roubando, trabalhando indevidamente, prostituindo-se), falta de condições mínimas para a vida digna (moradia, alimentos, saneamento básico etc.), falta de assistência em educação e saúde. Nas palavras de Mahatma Gandhi, **a pobreza é a pior forma de violência**. No Estatuto da Criança e do Adolescente, vigente desde a Constituição de 1988, o artigo sétimo diz: "A criança e o adolescente têm direito à proteção à vida e à saúde, mediante a efetivação de políticas sociais públicas que permitam o nascimento e o desenvolvimento sadio e harmonioso, em condições dignas de existência".

Mikhail Gorbachev, ex-presidente da União Soviética, considera as questões do meio ambiente inseparáveis das questões da paz, da segurança e dos problemas de justiça social. Criou a ONG Cruz Verde, que atua em mais de 20 países, para trabalhar a construção de uma nova consciência ecológica. Para ele, os três desafios interdependentes do novo século são: manter o mundo em paz (incluindo a comunidade internacional na luta contra o terrorismo), combater a pobreza no mundo e defender o meio ambiente. Sem combater a pobreza, não será possível deter o aumento da criminalidade, do fanatismo e do uso das drogas. Sem combater a pobreza, serão inúteis as medidas ecológicas. Os três desafios dizem respeito aos governos, às organizações internacionais e a cada um de nós.

Os dados do Censo Demográfico de 2010, publicados pelo Instituto Brasileiro de Geografia e Estatística (IBGE), foram coletados em todos os 5.565 municípios brasileiros. Mostram que a população ultrapassou os 190 milhões de habitantes, um crescimento de 11,3% em relação ao Censo 2000, a menor taxa observada na série de censos brasileiros. A taxa de fecundidade tem declinado a partir da década de 1960, devido ao uso mais expressivo de anticoncepcionais, à melhoria do nível educacional e à maior participação da mulher no mercado de trabalho, entre outros fatores.

Entre 1990 e 2008, o Brasil apresentou 50% de redução da mortalidade infantil (óbitos de crianças até um ano de idade), passando de 47% para 23,2%, devido ao melhor atendimento durante o período pré-natal e o parto, incentivo ao aleitamento materno, combate mais eficaz às doenças infecciosas, expansão do saneamento básico, entre outros fatores. Apesar dessa melhoria, essa taxa ainda é considerada alta pelos padrões da OMS (Organização Mundial da Saúde): nos países desenvolvidos, ela é inferior a 10%.

Os programas de transferência de renda, como o Bolsa Família, juntamente com a ação de algumas ONGs (como a Pastoral da Criança), assim como a melhoria geral de condições de vida contribuíram para uma redução expressiva da desnutrição infantil: em 1974, 37,1% das crianças brasileiras estavam desnutridas; em 2007, esse percentual caiu para 7,1%, mostrando uma redução de cerca de 80% em 33 anos.

Em termos de faixa etária, o grupo de meninos de 0 a 4 anos representava 3,7% e o das meninas 3,6% da população em 2010, apresentando redução em relação ao censo anterior. Por outro lado, aumentou a população de pessoas com mais de 65 anos, que representava 4,8% do total em 1991, passando a 5,9% em 2000 e chegando a 7,4% em 2010. Observa-se, também, uma diminuição do contingente de pessoas com menos de 20 anos e a continuidade do processo de envelhecimento da população.

A esperança média de vida ao nascer alcançou 73,5 anos de idade em 2011 (em 1940, era de apenas 45 anos), refletindo a melhoria das condições de vida e de saúde da população, embora em países desenvolvidos ela seja superior a 80 anos. No Brasil, um dos fatores que prejudica o aumento da expectativa de vida é o índice de mortes violentas entre os jovens, sendo a maioria do sexo masculino. O Censo de 2010 apurou que 80% da morte de jovens entre 20 e 24 anos são de homens.

Considerando-se que o percentual de imigração internacional é baixo, o aumento da população deve-se, primordialmente, à diferença entre a taxa de natalidade e a de mortalidade.

A publicação "Indicadores de desenvolvimento sustentável: Brasil 2010", do IBGE, adota esta análise do crescimento da população brasileira para pesquisar os principais indicadores de desenvolvimento. Desenvolvimento sustentável significa compatibilidade entre crescimento econômico, desenvolvimento humano e qualidade ambiental. Isto poderá nortear políticas públicas que reduzam a violência estrutural devida à desigualdade da distribuição de renda e de acesso a serviços básicos para uma boa qualidade de vida. Assim, no que se refere à renda familiar, verificou-se uma redução do número de famílias com rendimento familiar *per capita* de até meio salário mínimo: passou de 31,6% em 2004 para 22,8% em 2008. No entanto, em 2008 somente 5,5% das famílias ganhavam mais de cinco salários mínimos. Embora o Brasil já tenha cumprido a meta do milênio referente a reduzir pela metade o número de pessoas que vivem em pobreza extrema (de

25,6% da população em 1990 para 4,8% em 2008), no fim desse ano ainda havia 8,9 milhões de brasileiros vivendo com menos de U$ 1,25, que é a linha internacional de pobreza.

O Programa das Nações Unidas para o Desenvolvimento (PNUD) dedica-se ao combate à pobreza. Em 1990, o PNUD introduziu o conceito de desenvolvimento humano sustentável, que promove políticas públicas voltadas para promover a boa qualidade de vida das pessoas (e não a acumulação de riquezas) como propósito do desenvolvimento. Para isso, utiliza o Índice de Desenvolvimento Humano (IDH), criado por Amartya Sen, Prêmio Nobel de Economia em 1998, para apurar o índice de bem-estar das populações. O objetivo da elaboração do IDH é oferecer um contraponto a outro indicador muito utilizado, o Produto Interno Bruto (PIB), que considera apenas a dimensão econômica do desenvolvimento.

O Relatório 2011 do PNUD apresentou o conceito de Pobreza Multidimensional e o Índice de Desigualdade de Gênero para complementar o IDH do Relatório de Desenvolvimento Humano, que é baseado em médias nacionais de escolaridade, expectativa de vida e renda *per capita*. Com isso, procura mostrar que a sustentabilidade está ligada à justiça social e à melhor qualidade de vida. A sustentabilidade, portanto, não é apenas uma questão ambiental. Envolve a consciência de que tudo o que fazemos tem consequências para os 7 bilhões de pessoas que habitam nosso planeta.

O PNUD criou o índice de Pobreza Multidimensional para medir privações que dificultam ter qualidade de vida decente, em pelo menos três de um conjunto de dez indicadores (nutrição, baixa mortalidade infantil, anos de escolaridade, crianças matriculadas na escola, energia para cozinhar, banheiro, água, eletricidade, moradia digna e renda). Juntos, esses indicadores fornecem um retrato mais completo da pobreza do que as medidas de renda vistas isoladamente.

O Relatório do IDH do PNUD aponta caminhos para que as pessoas, as comunidades e os países promovam a sustentabilidade ambiental, a equidade social e a de gênero. Segundo os dados do Relatório 2011, cerca de 1,7 bilhão de pessoas em 109 países viviam em pobreza multidimensional na década que terminou em 2010. Isto é quase um terço da população total dos países. Os dados mostraram também que a distribuição de renda piorou na maioria das regiões do mundo, sendo a América Latina a região mais desigual nesse critério. Em 2011, o Brasil, com cerca de 5 milhões de pessoas em pobreza multidimensional, ocupou a posição 84 (na faixa de IDH elevado), entre 187 países; em 2010 ocupava a posição 85, em uma lista de 167 países. Isso representa uma melhora de 0,41%: os avanços continuam, mas em ritmo lento. No mundo, Noruega, Austrália e Holanda são os países com os melhores índices de IDH; República Democrática do Congo, Níger e Burundi apresentam os piores índices.

Em 2010, pelos dados do IBGE, ainda há grande desigualdade de rendimentos se considerarmos a cor e o gênero: as pessoas negras e pardas ganham

44% a menos que as brancas; a taxa de alfabetização de negros e pardos é de 86,4%, enquanto a de brancos atinge 93,8%. As mulheres, embora apresentem melhores indicadores educacionais, ainda recebem cerca de 42% a menos do que os homens pelo mesmo tipo de trabalho, uma taxa que se mantém estável desde 2005. No entanto, quase 40% das famílias brasileiras são chefiadas por mulheres. Isso significa que há muito a fazer para alcançar a equidade de gênero e racial.

No Brasil, o índice de trabalho infantil continua em queda: 4,3 milhões de pessoas entre 5 e 17 anos trabalhavam em 2009, em comparação com 5,3 milhões em 2004. O Programa Internacional para Eliminação do Trabalho Infantil da OIT (Organização Internacional do Trabalho), criado em 1992, estima que, em 2010, cerca de 215 milhões de crianças e adolescentes no mundo estavam submetidos a trabalhos que prejudicam a saúde física e emocional: as meninas que trabalham como empregadas domésticas estão sujeitas à sobrecarga de tarefas, ao abuso sexual, muitas vezes são afastadas do convívio com a própria família e não têm tempo para brincar ou ir à escola. Há os que estão expostos aos agrotóxicos nos trabalhos agrícolas e fazem outros tipos de trabalho de alta periculosidade. Embora o Brasil esteja se empenhando no combate a este tipo de exploração de crianças e adolescentes, ainda há muito a fazer.

Por outro lado, em 2009, 97,6% das crianças entre 6 e 14 anos estavam frequentando a escola, embora apenas 50,6% dos adolescentes entre 15 e

17 anos estivessem no ensino médio e a taxa de analfabetismo dos maiores de 15 correspondesse a 9,6% da população em 2010, contra 13,6% em 2000. A queda do analfabetismo reflete a eficácia de alguns projetos governamentais e da sociedade civil na área da Educação, tais como o EJA (Alfabetização de Jovens e Adultos) e o Programa Brasil Alfabetizado, entre outros. Convém enfatizar que o acesso à educação é condição essencial para o combate à pobreza, à exploração sexual e ao trabalho infantil.

A Pesquisa Nacional por Amostras de Domicílios (PNAD 2009) mostra aumento do acesso a serviços, entre 2004 e 2009: abastecimento de água (de 42,4 milhões de lares para 49,5 milhões), coleta de lixo (de 43,7 milhões para 51,9 milhões), luz elétrica (de 50 milhões para 57,9 milhões) e serviço de esgoto sanitário (de 29,1 milhões para 34,06 milhões). Apesar da melhoria, há ainda um longo caminho a percorrer. É importante enfatizar que o acesso à água potável é condição essencial para uma vida saudável, e o tratamento do esgoto e do lixo são fatores básicos de prevenção de uma série de doenças.

Sintetizando, a violência estrutural refere-se às condições extremamente adversas de vida, que geram uma imensa população de pessoas vivendo na miséria, com fome, habitação precária ou até mesmo inexistente, educação deficiente, dificuldade de acesso ao mercado de trabalho. Trata-se, portanto, de uma população de risco, sofrendo no dia a dia os efeitos da violação dos direitos humanos.

A violência sistêmica brota da prática do autoritarismo, profundamente enraizada, apesar das garantias democráticas tão claramente expressas na Constituição de 1988. Suas raízes, no Brasil, encontram-se no próprio período colonial, na escravidão dos índios e dos africanos. Além disso, com pequenos períodos de democracia, a mentalidade oficial brasileira teve amplas oportunidades de reforçar seu caráter autoritário e violento, o que contradiz o mito de que o brasileiro é um povo pacífico. Como mostra o cientista político Paulo Sérgio Pinheiro: "O arbítrio das instituições do Estado combina-se com altos índices de criminalidade violenta, crime organizado, grande intensidade de violência física nos conflitos entre os cidadãos e impunidade generalizada".

Não é com violência que melhor se combate a violência, nem nas relações familiares, nem nas relações sociais e muito menos ainda nas ações do Estado. É essencial montar esquemas realmente eficazes de vigilância de fronteiras para coibir o tráfico ilegal de armas e de drogas que alimentam o crime organizado (iniciado na década de 1960 e que também inclui outras atividades criminosas, como roubo de carros, sequestros, assaltos a bancos), efetuar o combate implacável à corrupção e promover a agilização da Justiça.

A ONG Human Rights Watch/Americas (HRW) é uma das mais conhecidas na área da defesa dos direitos humanos em todo o mundo, abrangendo tópicos como justiça internacional, direitos de crianças, mulheres, homossexuais e refugiados, buscando proteger os oprimidos e denunciar os crimes dos opressores. No relatório de 2011, analisando a violência policial no Brasil, a HRW contabilizou mais mil execuções extrajudiciais sob alegação de que os supostos criminosos resistiram às investidas policiais. Calculou que, entre 2003 e 2010, a polícia do Rio de Janeiro e de São Paulo matou mais de onze mil pessoas. A violência policial envolve inúmeros episódios de torturas, espancamentos e homicídios. Os casos de tortura acontecem principalmente em delegacias e quartéis, como método de investigação. Considera-se que a impunidade, a formação inadequada de policiais e a marginalização da população economicamente desfavorecida são as principais causas da violência policial.

Pelos dados do Anuário Brasileiro de Segurança Pública de 2011, o Brasil é um dos países com maior população carcerária do mundo. Em 1938, apresentava uma taxa de 19,1 presos condenados para cada grupo de 100 mil habitantes com mais de 18 anos de idade. Em 2009, essa taxa passou para 242,5 presos por 100 mil habitantes com mais de 18 anos, o que representa um crescimento de 1.169% em 71 anos. No entanto, isso não corresponde a uma melhora no nível de segurança pública, como mostram as taxas de homicídio. Ainda segundo os dados do Anuário, mesmo gastando mais em segurança pública do que alguns países desenvolvidos, o Brasil está entre os seis países mais violentos do mundo. Em 2010, 40.974 assassinatos foram registrados; entretanto, o número real é bem maior, porque boa parte dos estados tem registros precários de assassinatos e de outros crimes. Isso significa que o país gasta muito, mas gasta mal. Essa taxa corresponde a 21,9 assassinatos por grupos de 100 mil habitantes, sendo que a ONU considera inaceitáveis taxas acima de 10 homicídios por grupos de 100 mil habitantes.

As políticas governamentais americanas de combate ao terrorismo após o atentado de 11 de setembro de 2001 significaram retrocesso na área dos direitos humanos no que diz respeito a, por exemplo, prisões arbitrárias, além dos problemas crônicos de violência policial e a predominância de negros e pobres na população carcerária. Mas a profunda ameaça à segurança colocada pelo terrorismo não deve colocar em segundo plano a importância dos direitos humanos. Ao contrário, uma política antiterrorismo que ignora os direitos humanos é um incentivo ao aumento do terrorismo.

1.2 Violência doméstica intrafamiliar

O setor de emergência dos hospitais é onde mais se constatam os efeitos da violência: pessoas espancadas, com ossos fraturados, queimaduras, ferimentos devidos a facadas ou ao uso de armas de fogo são hospitalizadas em decorrência de atos de "violência pública" (assaltos, sequestros, brigas de gangues). Mas também os atos de "violência privada" – que acontece dentro dos lares, entre pessoas da família – levam aos hospitais milhares de mulheres e crianças espancadas, feridas ou traumatizadas devido a estupros, incestos e maus-tratos recebidos até de membros idosos da família.

Em 2011, a Organização Mundial da Saúde (OMS) apresentou os resultados de um estudo feito com 24 mil mulheres em dez países (entre os quais Japão, Tailândia, Peru e Brasil): cerca de 70% das mulheres relataram ter sofrido algum tipo de agressão de seus companheiros em diferentes momentos de suas vidas. Para essas mulheres, seus lares não oferecem acolhimento e segurança. Além de maus-tratos físicos e relações sexuais forçadas, há muitos relatos de abusos psicológicos: humilhações diante de outras pessoas, insultos, xingamentos, ameaças aterrorizadoras, que revelam desejo de posse e de controle.

Desde a Conferência Mundial sobre os Direitos Humanos de 1993 e a Declaração da Eliminação da Violência contra a Mulher, elaborada nesse mesmo ano, os governos de muitos países passaram a reconhecer que a violência contra as mulheres precisa ser considerada como uma questão de direitos humanos que cria a necessidade de estabelecer políticas públicas de prevenção e de legislação que acabem com a impunidade dos agressores e que, ao mesmo tempo, ofereçam amplo acesso aos serviços de saúde e de justiça. Na área da prevenção, considera-se fundamental que as crianças, desde pequenas, sejam educadas no sentido de respeitar as pessoas de ambos os sexos, para promover a equidade de gênero.

A violência contra as mulheres não provoca danos somente a elas, mas também aos que observam esses episódios como, por exemplo, os filhos. Com frequência, além de observadores, também sofrem agressões, às vezes até da própria mãe agredida.

O Relatório Global sobre Violência contra Crianças apresentado pela Organização Mundial de Saúde (OMS) em 2006 mostra que esse problema ocorre nos lares, nas escolas, nas ruas e em locais de lazer no mundo inteiro; os agressores são pessoas da família, da equipe escolar, cuidadores, outras crianças e adolescentes; os grupos mais vulneráveis são as crianças que pertencem a etnias mais socialmente discriminadas, classes sociais menos favorecidas, portadoras de necessidades especiais. O Relatório defende a ideia de que nenhuma forma de violência contra crianças é aceitável e que todas elas podem ser combatidas, fortalecendo os programas de prevenção à violência e os laços comunitários que funcionam como redes de proteção e de solidariedade.

Violência doméstica contra crianças e adolescentes é o abuso do poder exercido pelos pais ou responsáveis. Apesar de nem todas as pessoas inseguras serem espancadoras, a maioria dos espancadores é insegura e procura afirmar seu poder de dominação pela força física. Como diz Renato, 15 anos:

> Meu pai é muito nervoso, por qualquer coisinha ele explode, e aí grita, xinga e bate na gente. Meu irmão menor, outro dia, levou uma surra de cinto porque deixou o material da escola espalhado em cima da cama. Só que, em ou-

> tros dias, ele fez a mesma coisa e meu pai nem ligou. O pior é isso: a gente não sabe o que provoca a explosão, ele é imprevisível. Quando está calmo, é ótimo, conversa com a gente, brinca, ri. Mas, de repente, vem a raiva e ele fica violento. Moral da história: gosto muito do meu pai, mas tenho medo dele. Lá em casa, é como na guerra: estou andando num campo minado, sem saber onde pisar, porque a qualquer momento pode acontecer uma explosão.

Como se pode observar por essas declarações, a violência que ocorre dentro das famílias tende a permanecer oculta por um "pacto de silêncio", disfarçada com atenuantes do tipo "Papai é nervoso", "Mamãe tem gênio ruim", quando, na verdade, o que ocorre são ações violentas. Pelos dados do Centro Latino-Americano de Estudos de Violência e Saúde (Claves), a violência contra crianças é a segunda causa de morte entre um e quatro anos de idade. Em todas as faixas etárias, considera-se que os índices apurados são inferiores à realidade em virtude da subnotificação e da precariedade das estatísticas oficiais sobre a violência contra crianças e adolescentes. E isso não ocorre apenas no Brasil: o Relatório Global da Violência contra a Criança mostra que a subnotificação de todas as formas de violência é um problema crônico na maioria dos países.

Essas agressões, em geral descontroladas, são consideradas como medidas de educar e disciplinar, próprias do poder dos pais. No entanto, com frequência, essas "medidas educativas" ultrapassam o razoável e tornam-se atos violentos de abuso do poder parental. O próprio lar é o lugar em que mais comumente as crianças sofrem agressões. No entanto, um grande número de episódios violentos não consegue ultrapassar a barreira do silêncio imposta pela família.

Por que o silêncio? Em primeiro lugar, pelo medo e pela vergonha. Muitos consideram que os problemas têm de ser resolvidos dentro da própria família (segundo o ditado popular, "roupa suja se lava em casa"), apesar de os vizinhos escutarem os gritos. O medo de que o agressor fique ainda mais violento se souber que seu crime foi denunciado é outro fator que reforça o silêncio. Não saber a quem recorrer ou não ter informações sobre os procedimentos a tomar (procurar uma Delegacia de Proteção à Criança e ao Adolescente, uma Delegacia Especializada de Atendimento à Mulher–Deam, notificar o Conselho Tutelar, procurar o Juizado da Infância e da Juventude) deixa muita gente paralisada diante dos episódios de violência. A dependência financeira é outro motivo alegado para formar a impressão de que é preciso aguentar os maus-tratos porque não há outra saída.

O próprio vínculo afetivo entre a vítima e o agressor é outro fator que reforça o silêncio. É comum que a vítima, além do medo e da revolta, também sinta pena e renove a esperança de que a agressão não se repita. Essa mistura de sentimentos está calcada na realidade de que muitos agressores, fora dos momentos de descontrole, são pessoas atenciosas e carinhosas. Terminado o episódio de violência, muitos pedem desculpas e prometem que aquilo não vai acontecer de novo, desde que não haja provocação (uma das reações típicas do agressor é colocar a culpa pela explosão na pessoa agredida, pois é difícil assumir a responsabilidade pelos seus atos e reconhecer sua gravidade). Como diz Flávio, de 10 anos: "Eu gosto e não gosto de papai morar com a gente, apesar de viver dizendo que vai sair de casa. Ele é muito bom comigo, me leva para passear, compra brinquedos, joga bola; mas quando ele fica bravo comigo ou com a mamãe, é horrível, aí eu fico com vontade de que ele saia mesmo de casa".

Há também a questão da **exposição traumática de crianças e jovens à violência**, não só como vítimas, mas também no papel de observadores ou testemunhas, seja de certas cenas veiculadas pela mídia, seja de atos como assaltos, assassinatos ou brigas violentas dentro de casa (por exemplo, a mãe sendo espancada pelo marido ou companheiro). Muitas crianças e jovens reagem com sintomas típicos da síndrome de estresse pós-traumático: revivência das cenas chocantes, pesadelos, terror noturno, suor frio nas mãos, o coração que bate disparado, estado de hiperalerta (como se fossem sentinelas de plantão permanente), além dos distúrbios no próprio processo de pensamento (dificuldade de concentração e de atenção). Em países que estão em guerra declarada, grande parte das pessoas de todas as idades sofre dessa síndrome.

Alguns pesquisadores verificaram diferenças de reação à violência familiar crônica segundo o gênero: meninos e rapazes tendem a reagir de modo mais agressivo, com ataques de raiva ou criando confusão; há os que fogem de casa ou cometem atos de delinquência. As meninas e as moças tendem a apresentar maior incidência de queixas somáticas (dores de cabeça, de estômago) e dependência acentuada, combinada com isolamento. Quando entram na adolescência, muitas garotas não conseguem confiar nos homens e tendem a não acreditar que os casamentos possam dar certo. Há, também, maior tendência a se envolverem com homens violentos, por pensarem que isso é inevitável ("os homens são assim mesmo"), ou que ciúme e controle são provas de amor. Portanto, observar a violência conjugal é uma fonte de estresse na vida dos filhos.

Existem vários tipos de violência doméstica em todas as classes sociais: a violência física (bater, beliscar, empurrar, chutar), a violência psicológica (xingar, humilhar, agredir com palavras), o abuso sexual, a negligência e o abandono.

1.2.1 A violência física

Vejamos o testemunho desta mãe:

> Ele pede para apanhar! Não adianta falar quinhentas vezes a mesma coisa, ele não atende. Antes, era só quando eu gritava, agora só dando palmadas. Depois que eu bato, ele fica um

> amor, me abraça, me pede desculpas e promete que vai me obedecer; mas daí a pouco, a história se repete e lá estou eu batendo de novo...

Declarações como essa denunciam um ciclo perigoso, que começa com poucos gritos e algumas palmadas de vez em quando. Entretanto, se a criança ou o jovem tiver um comportamento considerado desafiante e provocador, os gritos e tapas podem intensificar-se e há o sério risco de tudo isso desembocar num quadro de violência na família.

Há pessoas que gostam de "cutucar a onça com vara curta", ou seja, têm uma sensação de poder prazerosa ao desafiar as autoridades, implicar com os próprios familiares, criar tumulto e confusão, exaltar os ânimos, mesmo que acabem sofrendo consequências desfavoráveis (expulsão da escola, demissão do trabalho, rompimento de amigos ou familiares) ou que se tornem vítimas da violência física. Essas pessoas encontram com facilidade os pontos vulneráveis que desencadeiam a raiva dos outros que, se tiverem "pavio curto", facilmente explodem e ficam violentos.

"Sou mãe [ou pai], portanto, tenho o direito de bater para educar meus filhos"; "Meus pais me batiam muito, nem por isso fiquei com raiva deles"; "Duvido que alguém consiga aguentar o dia a dia com os filhos sem dar umas boas palmadas". Argumentos como esses não faltam e muitos pais recusam-se a admitir que esses episódios do cotidiano representam violência física. Nem quando se chega ao extremo de a criança ou o adolescente precisarem ir ao pronto-socorro por terem sido brutalmente espancados, os pais reconhecem a violência: a tendência é culpar o filho por ser "de má índole", por ter "um gênio insuportável" ou por ser "muito malcriado". Ou, então, mentir dizendo que a criança levou um tombo, caiu da escada e por isso fraturou algumas costelas, ou está cheio de manchas roxas. Mas o agressor precisa se responsabilizar pela agressão. Nos grupos de reflexão para homens violentos, por exemplo, eles aprendem a desconstruir a equação *ser masculino = ser violento* e a construir outros padrões de conduta.

Educar com **firmeza** e **serenidade**, para esses pais, é uma combinação impossível, uma utopia. Como filhos, quase todos conheceram essa linguagem de tapas e gritos; quando se tornam pais, repetem justamente aquilo que tanto os fez sofrer. As crianças e os jovens aprendem muitos modelos de conduta na família, incluindo a maneira de expressar os sentimentos, de lidar com a raiva e de resolver os conflitos. Portanto, pais, irmãos, avós e outros parentes exercem grande influência, positiva ou negativa.

As crianças e os jovens que presenciam muitas cenas de violência na família são profundamente afetados por elas; quando são vítimas de abusos, sofrem danos a curto, médio e longo prazo. Aprendem que a violência é aceitável até mesmo nos relacionamentos de maior intimidade e, com frequência, passam a imitar os comportamentos violentos. Daí a enorme importância dos programas de prevenção da violência doméstica. É preciso reforçar a mentalidade de que a **violência é inaceitável** e que existem métodos não violentos de educar e disciplinar os filhos.

Como mostra Suely Deslandes, da Claves:

> A violência doméstica traz em si noções cultural e socialmente construídas, tais como a de proteção à infância, de castigo como instrumento pedagógico, de hierarquia familiar e de dominação do mais forte. Essas noções variam de acordo com a posição de classe, cultura, local e época. Aspectos como estresse, desemprego, baixos salários, filhos não desejados, falta de condições de sobrevivência, abuso de drogas e alcoolismo, problemas psicológicos/psiquiátricos, história de abuso dos pais quando crianças, fanatismo religioso têm sido identificados como fatores que desencadeiam a violência doméstica. Culturalmente, é reforçada a concepção de que os filhos são uma espécie de propriedade dos pais e tudo o que estes fizerem será em legítimo benefício da prole.

Muitos pais cometem o abuso físico achando que estão educando corretamente os filhos, como uma forma de discipliná-los ou de "domar as ferinhas". Os trabalhos de prevenção e de tratamento das famílias com problemas de violência centram-se no reconhecimento da necessidade de interromper o circuito violento, ampliando os recursos de comunicação com os filhos e as formas de manejo. Desse modo, torna-se mais fácil criar outras alternativas de colocar limites e estimular os filhos a cumprir tarefas e a assumir responsabilidades sem que seja necessário bater neles. Ficar sem sair com os amigos porque não fizeram os deveres (estudar, arrumar o quarto etc.) é um exemplo de manejo não violento; apartar as brigas entre irmãos para que esfriem a cabeça e resolvam o conflito de modo mais civilizado é também um recurso para ajudar a lidar com a raiva de modo que esta não se transforme em violência.

A mesma ideia do "direito de bater" costuma ser adotada pelos irmãos mais velhos. Quando os pais batem neles porque bateram no irmão mais novo, não conseguem entender a lógica desse argumento, uma vez que os pais, maiores do que eles, tampouco resolvem os problemas por outros meios. Nas famílias em que os pais se agridem como casal, há mais agressão entre os irmãos e também dos pais com os filhos. É a linguagem da violência que se dissemina: a força física aparece como uma maneira eficiente de impor respeito. É dentro dessa mesma linha de raciocínio que os pais costumam orientar os filhos a baterem forte sempre que forem atacados pelos amigos ou colegas de escola, em vez de sugerir que eles resolvam os problemas que surgem de modo não violento.

Mas não é só o irmão mais velho que bate: os mais novos argumentam que precisam se defender, atacando como podem, com chutes e mordidas. Quase sempre, desenvolvem uma sutil habilidade de provocar a raiva dos irmãos maiores sem que os pais percebam e, rapidamente, "ligam a sirene", pedindo socorro e proteção quando os maiores reagem batendo neles. Portanto, partindo dos mais velhos ou dos mais novos, são frequentes os episódios de agressão física entre os irmãos. As expressões mais comuns do padrão de violência física entre os familiares são bater, empurrar, dar safanões ou beliscões, chutar, socar, morder, jogar objetos em cima dos outros, ameaçar ou atacar usando objetos perigosos, como facas, tesouras e armas de fogo. As consequências variam de pequenas lesões a ferimentos graves, ou até mesmo a morte.

1.2.2 O abuso psicológico

A agressão não se restringe a bater e a ferir fisicamente. Há também a formação do padrão de violência psicológica, caracterizada por falta de amor e de carinho e alta frequência de condutas de abuso do tipo xingar, humilhar, depreciar. Quando isso é feito constantemente, prejudica a formação da boa autoestima e consolida a **rejeição**. A criança e o jovem que não se sentem protegidos, acolhidos, amados e aceitos pelas pessoas significativas para eles passam a se autodesvalorizar e tendem a se submeter a situações de abuso em outros relacionamentos. Muitos, quando chegam à idade adulta, tornam-se abusadores, repetindo com seus filhos o mesmo padrão de rejeição. Como disse Selma, mãe de dois meninos:

> Jurei a mim mesma que, quando tivesse filhos, jamais os xingaria ou bateria neles, porque sei o quanto sofri com minha mãe. Mas, quando

> eles me desobedecem ou me provocam, vem uma raiva tão grande lá de dentro que eu não consigo me conter: bato, xingo, faço com eles tudo que minha mãe fazia comigo e que eu tanto detestava.

O sentimento de rejeição, em muitos casos, começa a se formar ainda na gravidez, quando esta é indesejada. "Não pedi para nascer" é o argumento que muitos filhos usam para protestar contra o sentimento de serem rejeitados ou incompreendidos. "Você não deveria ter nascido", é o que alguns pais dizem na hora da raiva e que, por vezes, traduz a rejeição vinda da gestação não planejada ou da decepção com o filho que não é do jeito que eles gostariam que ele fosse. Por isso, é muito importante que os jovens, desde cedo, desenvolvam a consciência da maternidade e da paternidade responsáveis. Transar sem a devida proteção anticoncepcional resulta em gestações não planejadas, que colocam em risco a formação do vínculo amoroso entre os pais e o bebê.

Muitos pais criticam depreciativamente os filhos por acreditarem que esta é a melhor maneira de fazê-los "criar vergonha na cara" e estimulá-los a estudar mais ou a assumir suas responsabilidades. Alguns professores tentam "incentivar" seus alunos desse modo. A consequência mais comum é que o "vagabundo", a "molenga" ou o "idiota" tendem a intensificar essas características pelas quais passam a ser conhecidos no grupo familiar ou escolar.

Por sua vez, muitos jovens, com o horror de se transformarem em espelhos dos pais e perderem as características próprias, tentam acentuar as diferenças por meio de condutas de hostilidade e de críticas demolidoras: "Você está ridícula com essa roupa, mãe, já está velha e quer parecer garotinha!"; "Pai, você já está ultrapassado, não sabe nada do que acontece no mundo dos jovens...". O resultado são relações em que todos se ferem com comentários irônicos e depreciativos, respostas ríspidas, portas batidas ou hermeticamente trancadas, respostas lacônicas e caras feias, fechadas.

Há famílias em que as pessoas desenvolvem um padrão de brigas e de críticas destrutivas recíprocas a tal ponto que só abrem a boca para mencionar o que está errado ou aquilo de que não gostam. Quando se pergunta o que apreciam uns nos outros, não acham fácil responder. Como disse Leonardo, 16 anos:

> Não faço a mínima ideia do que meus pais apreciam em mim, acho que eles não gostam de nada do que eu faço, e acho que eles também não sabem o que eu aprecio neles. Lá em casa a gente não criou esse hábito de elogiar, é tiroteio o tempo todo.

Luciana, a irmã de 14 anos, acrescenta:

> A gente sente isso até mesmo quando mostra o boletim com as notas: tirei acima de sete em todas as matérias, menos em geografia. É claro

que eles só falaram da nota baixa, dizendo que eu ia ficar reprovada. Com tantas brigas, o ar da casa fica irrespirável. É muito ruim viver com a impressão de que nossos pais não acreditam na gente.

O abuso psicológico referente às formas de comunicação "demolidoras" é o tipo menos reconhecido de violência, porque o corpo não fica marcado e nenhum osso é fraturado. No entanto, em consequência de ter sido xingada, humilhada, depreciada e rejeitada, a criança cresce com marcas profundas em seu psiquismo e com sua autoestima gravemente fraturada. A sensação constante de ser rebaixada origina, em muitas pessoas, sentimentos de revolta e desejos de vingança que podem, mais tarde, motivar condutas violentas.

Nas escolas, é comum a figura do aluno compulsivamente implicante que escolhe colegas como alvos do abuso psicológico. São pessoas inseguras, que sentem prazer em humilhar e aterrorizar colegas que não conseguem se defender de seus ataques. As crianças cronicamente atacadas por essas manobras de intimidação, chantagem e perseguição podem ficar deprimidas e com sua autoestima prejudicada. A escola tem aí um campo fértil de trabalho para o desenvolvimento de atitudes de respeito e de consideração.

A rejeição do filho motiva também o surgimento de outras facetas do abuso psicológico, como a tendência a **isolar** a criança ou o jovem, impedindo-

-os de terem amigos e de participarem de atividades próprias para a idade, importantes para seu desenvolvimento social e pessoal. Isolada, a criança sente-se sem lugar no mundo, como se nem sequer tivesse o direito de existir.

A atitude de isolar está, por vezes, acoplada com outra forma de abuso: o **excesso de exigências** ou a criação de expectativas acima da possibilidade da criança ou do jovem. Proibidos de brincar e de se divertir porque têm de se dedicar a maior parte do tempo ao estudo, às tarefas domésticas ou até mesmo ao trabalho, a criança e o jovem sentem-se pressionados, acuados, incompetentes, porque nunca conseguem satisfazer os pais.

Essa sensação de ameaça, com frequência, é intensificada por outro aspecto do abuso psicológico: a conduta de **aterrorizar** para ser obedecido, por meio da criação de um clima de medo, de constantes ameaças ou de castigos assustadores como, por exemplo, trancar a criança num quarto escuro ou amarrá-la ao pé da mesa para que ela fique bem-comportada. Em consequência disso, a pessoa cresce com a sensação de viver num mundo hostil e perigoso, no qual não existe nada nem ninguém em quem se possa confiar.

Com o isolamento, vem outra forma de abuso psicológico: **ignorar** a presença da criança ou do jovem, não valorizar sua existência, deixando-os de lado, sem proporcionar estímulos para seu crescimento intelectual e emocional. Há pais que só prestam atenção ao filho quando este faz algo errado.

Só assim param de falar ao telefone, ou deixam o jornal de lado: para repreender a criança, dar uma palmada ou colocá-la de castigo. Quando a criança pede um tempo para brincar ou o jovem quer conversar, esses pais dizem que estão ocupados. Como somente o comportamento inadequado é percebido, a criança desenvolve a impressão de que, quando está sendo "boazinha", não é vista, como se, simplesmente, não existisse.

Como disse Maria Júlia, de 10 anos: "Cheguei à conclusão de que não é um bom negócio fazer tudo certo. Eu chego a casa, faço meus deveres, tiro boas notas, meu quarto está sempre arrumado. Meu irmão é o oposto de tudo isso, mas é quem mais chama a atenção dos meus pais, que vivem se preocupando com ele".

Quando a criança ou o jovem percebem que são ignorados quando se comportam adequadamente, tendem a desenvolver padrões inaceitáveis de conduta. A esperança é que, se conseguirem "barbarizar" ou "arrebentar", receberão a atenção necessária. Com isso, é todo um potencial que se perde, um desperdício de gente. É claro que isso não acontece só dentro das famílias, em todas as classes sociais. O Estado, por não fazer o investimento necessário em saúde, educação e segurança para suas crianças e jovens, também demonstra ignorar a existência de uma parcela importante da população.

Corromper é outra variante do abuso psicológico e se refere às condutas que induzem crianças e jovens a se prostituir, a usar ou comercializar drogas e a participar do mundo do crime. Nesses casos, a socialização da pessoa fica inteiramente distorcida, o que abre amplos caminhos para o desenvolvimento de condutas antissociais.

1.2.3 Negligência e abandono

A criança e o jovem negligenciados são aqueles que se encontram privados da satisfação de necessidades básicas para seu desenvolvimento. Os maus-tratos evidenciam-se de muitas formas: deixar de vacinar, de dar remédios quando adoecem, de cuidar da higiene, da alimentação, da proteção contra os riscos de acidentes. A mãe é quem mais pratica esse tipo de abuso, por ser ela a principal responsável pelos cuidados da criança, na imensa maioria das famílias. A faixa etária entre 0 e 9 anos é a mais atingida pela negligência, devido à situação de dependência de cuidados básicos. Esse tipo de abuso é, por vezes, difícil de diagnosticar, especialmente quando ocorre em famílias muito carentes de informação ou de renda.

A negligência também ocorre entre os bem-nutridos de alimentos e de bens materiais, quando crianças e jovens são mal supervisionados ou mal orientados pelas famílias. O consumo de bebidas alcoólicas, por exemplo, está começando antes mesmo da adolescência, não raro dentro do próprio lar; ver programas de TV ou vídeos inadequados para a sua faixa etária sem que a família tome conhecimento disso; adolescentes que "roubam" o carro dos pais com a secreta conivência destes, naquele jogo do "eu sei que você sabe, você sabe que eu sei, mas vamos fazer de conta que ninguém sabe": todos esses casos são exemplos de negligência. É como se as famílias permitissem que estranhos se encarregassem da "educação" de seus filhos e tivessem o poder de selecionar o que eles vão ver na TV ou o que vão fazer nas muitas horas vagas em que nenhum adulto está na casa. São os casos em que a negligência cruza a fronteira do abandono.

O abandono caracteriza-se pela ausência de pessoas responsáveis pela criança ou pelo jovem, o que os deixa expostos a situações de risco. O abandono pode ser parcial (ausência temporária) ou total (exclusão que deixa a criança ou o jovem em situação de desamparo, sem nenhum tipo de assistência, sem moradia, correndo perigo).

Quando a criança é exposta ao abandono total, passa a ser legalmente considerada em condições de ser adotada. Algumas mulheres, por terem sido abandonadas, tornam-se mães que abandonam, devido à total falta de suporte material ou emocional para criarem o filho. O ato de abandonar é, por vezes, extremamente violento, como nos casos de bebês feridos encontrados em lixeiras, nas portas de igrejas ou de algumas casas. Por vezes, reconhecendo a impossibilidade de ficar com a criança, há uma doação consciente e espontânea para que a criança seja adotada. Há instituições especializadas em acompanhar o pré-natal das mulheres que pretendem doar a criança, que selecionam as pessoas que desejam ser pais adotivos. Há, portanto, uma diferença entre abandonar e doar.

Pela atual legislação brasileira, qualquer pessoa maior de 21 anos, independentemente de seu estado civil, pode se candidatar a adotar uma criança.

Um dos maiores problemas do abandono é a permanência das crianças em instituições, por não terem sido adotadas quando recém-nascidas. No Brasil, a violência do preconceito racial, não reconhecido oficialmente, faz com que a imensa maioria das crianças que crescem nos orfanatos seja negra. Há instituições, como a Associação Brasileira Terra dos Homens (ABTH), que se dedicam a criar uma **cultura da adoção**, procurando sensibilizar as famílias para adotarem crianças mais velhas sem as barreiras do preconceito, por uma questão de solidariedade e de reconhecimento de que todas as crianças têm direito de serem amadas e bem-cuidadas dentro de uma família. A ABTH também realiza um trabalho de reintegração familiar, ajudando famílias a modificar padrões de violência familiar tão intensos que chegaram a levar crianças e jovens a viver nas ruas.

1.2.4 O abuso sexual

É a situação em que um adulto ou um adolescente mais velho, abusando do poder de coação ou sedução, utiliza-se de um menor para sua própria satisfação sexual. Considera-se como abuso sexual de crianças e jovens o estupro, o incesto, a sedução, a prostituição ou qualquer outra forma de exploração sexual em situações nocivas ao bem-estar da criança. Esse abuso inclui tirar fotos ou fazer filmes pornográficos utilizando menores. Como cita Assis, o abuso sexual "pode variar de atos em que não existe contato sexual (voyeurismo, exibicionismo), aos diferentes tipos de atos com contato sexual, sem ou com penetração (com dedos, pênis ou com objetos na região oral, genital ou anal)".

As pesquisas mostram que mais de 90% das crianças que sofreram abuso sexual são meninas e cerca de 90% dos abusadores são homens, mesmo quando as vítimas são meninos. Dados levantados a partir de processos abertos pelo Serviço de Atendimento à Criança (SACriança) mostram que 59% dos casos de violência sexual são praticados pelo pai e 25% pelo padrasto, atingindo muito mais as meninas (83%) do que os meninos (17% dos casos). Ao entrevistar crianças do mundo inteiro, o Relatório Global sobre Violência contra Crianças ressalta que elas revelaram que quase nunca falam sobre a violência sexual que sofrem de familiares por medo do que possa vir a acontecer com suas famílias, e também por medo de serem rejeitadas e desacreditadas.

As pessoas que cometem esse tipo de abuso são encontradas em todas as classes sociais e muitas têm prestígio social e profissional. Por isso, as vítimas, quando ousam quebrar o "pacto do silêncio", costumam ser desacreditadas. É muito comum que o abuso sexual entre pai e filha ou entre padrasto e enteada comece de modo tão sutil que a criança não perceba que há algo de errado com aquelas carícias;

coagida a guardar segredo, deixa-se envolver e sente-se culpada. Morando na mesma casa, fica submetida a inúmeros episódios de abuso. Os sentimentos de solidão e angústia se intensificam e podem estar na raiz de sintomas como pesadelos, dor ao urinar, insônia, pânico de ficar sozinha ou de ir para a escola. Adolescentes vítimas de abuso sexual correm maior risco de usar drogas, engravidar, fugir de casa ou tentar suicídio. O abuso pode traumatizar a tal ponto que a menina, futuramente, tende a escolher como parceiro um homem abusador ou a apresentar enormes dificuldades de relacionamento amoroso, por não conseguir confiar nos homens.

Há situações de abuso sexual fortemente associadas à violência física, como nos casos de estupro de bebês e crianças pequenas, que resultam em graves lesões corporais e até mesmo em morte.

Apesar de a história da humanidade estar marcada por incontáveis episódios de abuso contra crianças e violência contra mulheres (pelas estatísticas atuais, mais de 90% dos casos de violência doméstica são praticados contra mulheres e crianças), o mais importante é saber que **ninguém nasce violento,** embora o impulso agressivo faça parte da natureza humana. É preciso construir firmemente a mentalidade de que *a* violência é inaceitável, tanto por parte dos adultos quanto das crianças e dos jovens.

A violência é um comportamento aprendido nos processos sociais entre pessoas, instituições e sociedades. Portanto, **a violência pode ser desaprendida**: é possível aprender maneiras não violentas de lidar com a raiva e resolver conflitos por meios pacíficos.

Campanhas de saúde pública para estimular as pessoas a parar de fumar, de abusar do álcool e de usar drogas ilícitas; a usar camisinha como prevenção da aids e de outras doenças sexualmente transmissíveis; a usar cinto de segurança para reduzir as sequelas de acidentes automobilísticos são úteis para modificar a percepção e o comportamento com relação aos temas veiculados por essas campanhas. O mesmo precisa ser feito com relação ao controle e à prevenção da violência.

Os índices de violência, em suas várias expressões, estão aumentando em muitos países, incluindo o Brasil. Em alguns lugares, a intensidade da violência tem sido tão alarmante que passou a ser considerada uma **epidemia**, portanto, um problema de saúde pública que precisa ser resolvido combinando vários tipos de atuação, para atingir as raízes da violência e construir programas eficazes de controle e de prevenção do comportamento violento.

2. Amor e raiva: a transformação dos sentimentos

2.1 O nascimento do ódio

Percebendo o cheiro de maconha mal disfarçado pelo cheiro do incenso queimando no quarto de José Antônio, seu filho de 16 anos, Hugo sentiu uma pontada no peito, um sentimento de intensa preocupação, quase desespero. Era a terceira vez que pegava o filho fumando, morria de medo de que ele usasse outras drogas e se tornasse dependente. Gritou:

– "Zé, abra essa porta agora mesmo!

– Não vou abrir, estou ocupado, pai!

Gritou mais alto:

– Abra imediatamente, estou mandando!

– Não abro, já disse!"

Hugo ficou vermelho de raiva, que logo se transformou em ódio, ao pensar na insolência do filho que não mais obedecia a suas ordens. Por um segundo, sentiu uma desagradável sensação de impotência, como se estivesse perdendo o controle da situação: o filho, já mais alto do que ele, falando grosso, com a audácia de dizer que não iria abrir a porta. Não se conteve: com um chute violento, derrubou a porta do quarto, pegou o filho pelo braço, deu-lhe um tapa na cara. Os olhos de José Antônio faiscaram de ódio, que brotava lá do fundo cada vez que o pai tinha atitudes violentas como essa. Alimentava o desejo secreto de revidar, dar um tapa na cara do pai, jogá-lo no chão, mas ainda não tinha tido a coragem de reagir assim. O ódio o paralisava; ele trincava os dentes, endurecia os braços e depois uma enorme tristeza o invadia, uma dor no coração.

Preocupação que vira raiva e se expressa por um ato violento; ódio que se transforma numa profunda tristeza: Hugo e José Antônio estão decepcionados um com o outro. O pai sente a perda do filho menino que não lhe dava grandes problemas; o filho sente a perda do pai bem-humorado. Em momentos como esse, o pior de cada um entra em cena, formando um lastro de mágoas e de ressentimentos.

* * *

Foi também esse lastro de mágoas e ressentimentos que minou o casamento de Aída e Homero. Casaram-se apaixonados, mas, no decorrer do tempo, o ciúme de Aída foi fazendo Homero sentir-se cada vez mais sufocado e constrangido com as cenas violentas que aconteciam cada vez que ela percebia o interesse de alguma mulher por ele ou, pior ainda, quando achava que ele também estava interessado.

O ciúme brotava de uma profunda insegurança, do medo de ser abandonada, e se expressava pela necessidade de controlar todos os passos do marido, de telefonar para ele várias vezes por dia para saber o que ele estava fazendo. Quando a desconfiança se tornava aguda, expressava-se por rompantes de deixá-lo sozinho num restaurante e voltar de táxi para casa, ficar uma semana sem praticamente lhe dirigir uma palavra sequer e falar mal dele para as duas filhas do casal. Quando as crises se aprofundaram e o nível de conflito ficou tão insuportável que Homero propôs a separação, os sentimentos de amor, mágoa, decepção, tristeza e raiva foram, em quase todos os momentos, expressos por violentas explosões de gritos, choro, ameaças e muito xingamento.

Ana Luísa, de 12 anos, ficou muito chocada:

"– Nunca vi meus pais brigando desse jeito. Sinto até vergonha de contar do que eles se xingam. E pensar que eles sempre me dão bronca e até me botam de castigo quando eu chamo minha irmã de idiota..."

A separação não é necessariamente traumática para os filhos, sobretudo quando os pais conseguem dissolver a relação conjugal mantendo a relação parental funcionando razoavelmente bem, no melhor interesse das crianças e dos jovens. No entanto, no cenário dos sentimentos, é comum que a mágoa e a tristeza se transformem em raiva, ódio e desejo de vingança. Os filhos passam a ser disputados como aliados de uma guerra, para ver se vão ficar do lado do pai ou da mãe. Isso gera um conflito de lealdade de grandes proporções. Muitos filhos sentem-se emocionalmente órfãos, sozinhos e desamparados, quando o pai fala mal da mãe e vice-versa.

As brigas pela divisão dos bens e pelo dinheiro mostram um lado extremamente mesquinho de um ou de ambos. O que se sente mais prejudicado mostra a necessidade de ser indenizado por tudo o que perdeu; o que dispõe de maiores recursos acha que está sendo indevidamente explorado. É comum que crianças e jovens sejam colocados "no meio da linha de fogo", quando os pais, extremamente enraivecidos, não querem falar um com o outro nem para resolver as questões ligadas aos cuidados e ao bem-estar dos filhos. Estes ficam, portanto, com a missão de cobrar a pensão atrasada, de avisar à mãe a que horas o pai vai pegá-los, e assim por diante. Essas são situações de risco para os filhos, que, com frequência, são maltratados com o que sobra do ódio sentido pelo ex-cônjuge.

A mistura de ciúme, tristeza, mágoa e raiva costuma ser extremamente explosiva. As Delegacias Especializadas de Atendimento à Mulher (Deams) recebem muitos casos de violência conjugal. Essas delegacias foram criadas em 1985, e foram uma conquista do movimento social que tornou visível a questão da violência contra a mulher dentro de seu próprio lar. Muitas são espancadas e até mesmo assassinadas por parceiros ou ex-parceiros que não controlam a raiva ou que não se conformam com o pedido de separação. Alguns agressores se respaldam em antigas tradições que legitimavam a violência em nome da "legítima defesa da honra": mesmo no Judiciário, muitos assassinos foram absolvidos por matarem suas companheiras devido a suspeita de adultério.

No Brasil, em 1996, foi sancionada a Lei Maria da Penha (ela própria foi vítima da violência de seu companheiro), que tipifica a violência doméstica como violação dos direitos humanos, possibilitando que os agressores sejam presos em flagrante quando ameaçarem a integridade física das mulheres. Além disso, promove medidas de proteção para a mulher que corre risco de vida, como obrigar o agressor a sair de casa e impedi-lo de se aproximar da mulher e dos filhos.

O governo federal criou também a Central de Atendimento à Mulher, de utilidade pública (ligação gratuita pelo telefone número 180) para oferecer orientação e auxílio. A ONG Disque-Denúncia desenvolve o programa DDMulher, em parceria com as Deams, com o mesmo objetivo.

* * *

Andando pela calçada, maltrapilho, sujo, descalço, olhar triste, Benedito, de oito anos, dirige-se às pessoas que passam por ele:

"– Tia, me dá um trocado, estou com fome..."

A grande maioria nem olha para ele; alguns até o xingam de moleque safado ou coisas piores; poucos lhe dão uma moeda, sem nada dizer. Benedito passa pela porta de uma escola particular, na hora da saída, vê muitas crianças da sua idade, bem-vestidas, tênis bonitos que ele também gostaria de ter, mochilas de boas marcas. O baleiro da porta da escola está rodeado de crianças que têm dinheiro para comprar alguma coisa (qualquer coisa, o que importa é comprar), as mesmas balas e chocolates que Benedito também adora comer, mesmo quando não está com fome.

Diariamente, nessas pequenas cenas, Benedito, além da dor do estômago vazio, sente a dor da desigualdade social. Ele também vê, nos camelôs, nas lojas, na televisão, muitas coisas que gostaria de ter, mas que estão fora do seu alcance.

Benedito vive a dor da exclusão social, num Brasil campeão de desigualdades, em que um grande abismo separa a minoria dos muito ricos e a imensa maioria dos muito pobres. Muitas dessas crianças crescem na tristeza, no sentimento de inferioridade, como se tivessem de se conformar em viver das sobras, nas sombras da sociedade.

Em muitas outras crianças, essa dor da recusa diária, da carência do mínimo de condições de sobrevivência cria as condições propícias ao **nascimento do ódio**: "Se não me dão quando peço, vou tomar à força".

São essas as crianças mais facilmente aliciadas para o exército do tráfico de drogas, que lhes dará o dinheiro que abre as portas do consumo, apesar do alto risco de morrerem cedo, de modo violento. São essas as crianças e os jovens infratores que roubam, assaltam e até matam com prazer. Nas palavras de um menino de rua entrevistado para o livro *Decifra-me ou devoro-te*, de Yara de Ataíde:

> Um dia eu tava na pior, com muita fome, e pedi um trocadinho a uma tia que ia passando e ela disse que não tinha. Fiquei com muita raiva, mas segui em frente e pedi a outra tia, que também me negou. A raiva aumentou ainda mais, até que, mais adiante, encontrei uma terceira tia e pedi a ela, mas ela também me negou. Aí, não me aguentei mais e fiquei danado!... Avancei em cima da tia, tomei o relógio e enchi ela de porrada!... Dei muita bofetada nela, xinguei ela e saí correndo... Nem sei direito por que fiz isso, mas tava com fome e com muita raiva porque ela me negou um trocadinho pra eu comprar um pedaço de pão!

A frustração crônica, que vai gerando revolta e ódio, combinada com a falta de esperança e de perspectivas concretas de construir um futuro melhor é uma mistura explosiva. Dados da Segunda Vara da Infância e da Juventude do Rio de Janeiro mostram um aumento alarmante do número de crianças e jovens ligados ao tráfico e ao consumo de drogas. Esse bem-sucedido aliciamento para o "exército paralelo" do narcotráfico aumenta o índice de delinquência e, portanto, de comportamento violento, já que é na figura do traficante que essas crianças e jovens se espelham como modelo a ser seguido.

O nascimento do ódio coletivo, proveniente do grupo de excluídos e marginalizados pela sociedade, dá origem a episódios de extrema violência nas grandes cidades, em vários continentes. Como mostra o sociólogo francês Loïc Wacquant:

> Nos últimos dez anos, multiplicaram-se assustadoramente as cenas de violência e desordem nas grandes cidades do mundo ditas desenvolvidas. Na França, na Inglaterra ou nos EUA, os principais atores são quase sempre os jovens dos bairros pobres e praticamente abandonados das grandes cidades (...). Os recentes distúrbios conjugam duas forças distintas: a revolta das minorias contra a desigualdade racial e a revolta dos pobres contra a miséria e a deterioração de suas condições de vida; para expressar sua revolta, esses grupos sociais utilizam o meio mais eficaz, para não dizer o único, de que dispõem: perturbar a ordem pública pela ação violenta e direta.

É muito importante tentar compreender a linguagem dos atos, das condutas, dos sintomas. É uma linguagem matizada pela química dos sentimentos, em que a combinação entre uns e outros resulta no fortalecimento da amorosidade, da compaixão, da capacidade do perdão, ou, por sua vez, no fortalecimento do ódio e da violência.

O cenário é uma palestra, numa escola particular, com ampla oportunidade de debates sobre o tema: “Conflitos, brigas e acordos – o que fazer com nossa raiva?” para alunos entre 14 e 16 anos.

O que predomina nas situações apresentadas é a questão da briga entre irmãos. Ciúme, insegurança, competição, disputa por um lugar ao sol na atenção e no afeto dos pais, a "brincadeira da gangorra" (para um ficar por cima tem de colocar o outro por baixo), dificuldade de criar acordos para lidar com as diferenças de desejos e necessidades: essa mistura de sentimentos pode resultar em brigas frequentes e intensas.

A raiva sem freios e sem a devida canalização provoca brigas violentas: numa dessas palestras, um dos rapazes tinha uma cicatriz no rosto, outro estava com a perna quebrada, consequência da violência entre os irmãos. Outros disseram que tinham "resolvido" o problema das brigas crônicas deixando de falar com o irmão, mesmo quando dividiam o mesmo quarto. Ou seja, a raiva quente transformou-se em raiva gelada: não é só o fogo que queima nossa pele, o gelo também pode queimar.

O clima de raiva crônica pesa dentro de casa, cria um mal-estar contagiante. Um dos rapazes comentou que as brigas com os irmãos atingiram um nível tão insuportável que o pai dizia que estava perdendo a vontade de chegar a casa porque sabia, de antemão, que iria aborrecer-se. A mãe tentava apartar as brigas, mas não conseguia e, em desespero, ameaçava sumir de casa. A situação deteriorou-se a tal ponto que ficou realmente insuportável até para os irmãos guerreiros: depois de horas de conversa em família, conseguiram negociar um tratado de paz, para melhorar o convívio entre todos.

No entanto, na maioria dos relatos das brigas entre irmãos predomina a incrível fluidez entre amor e raiva. Mesmo odiando o irmão, a solidariedade logo surge quando este sofre ataques de outros ou até mesmo dos próprios pais. No entanto, quando os sentimentos de ciúme e competição se intensificam demais podem prejudicar o desenvolvimento desses laços fraternos de apoio recíproco.

Outro aspecto muito abordado nesse tipo de palestra é a briga entre colegas: a cultura machista estimula, desde cedo, os meninos a não levarem desaforo para casa. "Quando levar um tapa, dê dois": senão, fica depreciado no grupo, vira saco de pancada. Recusar-se a entrar numa briga, resistir a uma implicância, fazer de conta que não ouviu a provocação: tudo isso é visto como sinal de fraqueza. Nessa medição de forças, muitas brigas entre os meninos são como tempestades de verão: depois de tapas e xingamentos, ficam amigos de novo. Entre as meninas, é mais comum que a raiva faça um "trabalho de cupim": vai roendo por dentro o relacionamento, que vai sendo minado por inveja, fofocas, traições, mágoas que quebram a relação de confiança e podem abalar ou mesmo romper amizades fortes. Como disse Maíra, 14 anos: "Dentro da escola, é proibido ficar se agarrando e beijando o namorado, mas, assim que a gente sai, faço isso na frente de todo mundo mesmo, para que as outras fiquem sabendo que ele é meu. A disputa pelos meninos aqui é muito grande, eu me sinto cercada de inimigas".

Coordenadores e diretores de escolas públicas e privadas, em todas as regiões do Brasil, queixam-se da alta incidência de comportamentos estimulados pela cultura da violência, que considera os atos de depredação ou vandalismo como demonstração de força e de coragem. Em escolas que atendem alunos de classe média alta, a educação permissiva e o abuso de poder econômico, aliados à certeza da impunidade, são ingredientes explosivos que incentivam os adolescentes a não colocar freios no desejo e a não pensar nas consequências. Por exemplo: em comemorações de último dia de aula, carteiras quebradas, lousa escrita com tinta, paredes pichadas; a violência nas aulas de Educação Física, sob a desculpa do "foi sem querer", "pegou de mau jeito"; o professor cercado na rua para apanhar dos "valentões" que ficaram em recuperação; a carteira jogada em cima da professora que colocou o aluno para fora da sala por indisciplina; o "corredor polonês", tido como brincadeira para, com socos, tapas e pontapés, ensinar os mais tímidos a serem "machos"; o grupo de meninos que cerca um para bater nele na porta da escola.

No contexto da cultura da violência, os bons de briga passam a ser culturalmente mais valorizados do que os bons de papo. E os bons de briga são como material altamente inflamável: qualquer coisa é interpretada como provocação ("todo mundo fica me chamando pra briga"), desencadeando o comportamento violento considerado como reação ("não tive culpa, foram eles que provocaram...").

Episódios como esses multiplicam-se, constituindo o fenômeno do vandalismo urbano, que envolve até mesmo jovens de classe média alta. A antiga interpretação de que a depredação do bem público (quebra de telefones públicos, roubo de bens e equipamentos de repartições públicas, pichação de prédios e monumentos, destruição de placas de sinalização) seria uma reação de revolta das classes menos favorecidas deixou de refletir a totalidade do fenômeno. Ainda pior: o desrespeito pela vida leva a atos de extrema crueldade, que chegam até mesmo a ferir gravemente ou matar, dentro de um contexto de impunidade em que as leis existem, "mas quem disse que é para serem cumpridas?". Quando esse clima de impunidade predomina, tanto na sociedade quanto na família, o "freio do desejo" deixa de funcionar, e isso acontece em todas as classes sociais. Desse modo, adolescentes pobres, na cultura do consumismo, matam para roubar um par de tênis ou um boné da marca valorizada; adolescentes ricos e entediados incendeiam pessoas dormindo nas ruas, "para se divertirem vendo o cara sair correndo", tal como acontece nos *videogames*.

Os comportamentos violentos na escola e nas ruas são muito reforçados quando os jovens fazem parte de gangues. A necessidade de pertencer a um grupo, ser aceito e valorizado, ser admirado, desenvolver companheirismo e atividades de interesse comum, sentir-se seguro e protegido pela estrutura do grupo são fatores que motivam a filiação tanto a grupos socialmente aceitáveis (como, por exemplo, os escoteiros) quanto a gangues de pichadores ou às que incentivam condutas violentas e o envolvimento com o tráfico de armas e de drogas.

* * *

Joana, 18 anos, está há três dias sem dirigir a palavra ao pai. Depois de mais uma violenta discussão sobre programas e horários de chegar a casa, o clima da casa azedou também para Tiago, de 16 anos, que, como a irmã, não concorda com tantas restrições. A mãe tenta apaziguar os ânimos e consolar Pedro, de oito anos, que chora apavorado com os gritos e as ameaças que escuta. Tenta convencer o marido de que, mesmo com a violência da cidade, os jovens não podem ficar enclausurados dentro de casa; acredita que os filhos já aprenderam a "ligar o sistema de alarme" para detectar perigos e evitar situações de risco.

Os filhos já tentaram convencer o pai de que as festas só começam a ficar animadas lá pelas duas da manhã e que voltar para casa às quatro da madrugada não é mais perigoso do que voltar às duas e meia. Mas o pai não se convence: raramente sai à noite com a mulher, evita até ir ao cinema se não tiver um estacionamento protegido, jamais deixa o carro na rua, acha melhor ficar vendo filmes pela televisão. A única vez em que foi assaltado foi em plena luz do dia, no intenso movimento do centro da cidade, o que piorou consideravelmente sua angústia. "Se de dia já é assim, imagine à noite!", argumenta.

A extrema preocupação de Sérgio pela segurança de seus filhos faz com que ele se comporte como um pai muito vigilante, controlador e "castrador da liberdade", segundo a definição de Joana. Ela e o irmão não se queixam da preocupação do pai, propriamente dita, mas da maneira violenta como ele se expressa. Muito tenso, está sempre a ponto de explodir em gritos, xingamentos e ameaças de castigos. Joana bate de frente com o pai, ao contrário de Tiago, mais diplomático. Em desespero por se ver confinada na prisão domiciliar, bate a porta do quarto depois de xingar o pai, para chorar de tristeza e raiva.

Viver numa sociedade violenta gera, nas pessoas, um estado crônico de tensão, medo e insegurança. Nas rodas de conversa, quase sempre surgem comentários sobre furtos, assaltos, sequestros, assassinatos e balas perdidas, que aconteceram com as próprias pessoas que ali estão ou com gente de seu conhecimento. Na relação familiar, o medo provocado por viver em uma cidade violenta leva ao sobressalto e à angústia quando alguém da família chega a casa muito depois da hora prevista. O temor de que aconteça algo ruim gera inquietação constante.

Apesar da ânsia por liberdade e por viver novas experiências tão característica da adolescência, muitos jovens de classe média se isolam no computador e na televisão ou se restringem a passear nas áreas protegidas dos *shoppings* e dos condomínios, porque também temem andar na rua. A sensação de desproteção, de não ter com quem contar nem a quem recorrer em situações de risco, a impressão de que a cidade está desgovernada e entregue aos bandidos passam a tolher a liberdade de ir e vir, a autonomia e o bem-estar. Como disse Sérgio, o pai preocupado que os filhos consideram carcereiro: "A gente que trabalha honestamente vive entre grades e os bandidos andam soltos por aí".

No entanto, os pais não se sentem inseguros apenas pela questão da violência urbana. Nas palestras para pais e filhos adolescentes surgem queixas de parte a parte. Os pais dizem que se sentem inseguros pela quebra da relação de confiança quando os acordos não são cumpridos (por exemplo, o filho combinou chegar às duas e chega às quatro sem avisar). O mesmo acontece quando descobrem que os filhos mentem (por exemplo, quando dizem que vão a um lugar e acabam indo para outro, ou saem em companhia de pessoas em quem os pais não confiam). Quanto mais os pais ficam inseguros, mais tendem a ser controladores. Por sua vez, a atitude desconfiada, crítica e ostensivamente vigilante dos pais gera ressentimento e animosidade nos filhos, que passam a oscilar entre momentos de explosão de raiva ou de intenso fechamento: "Se eu contar para o papai o que rola nas festas e nas discotecas, aí é que ele não vai me deixar sair de casa nem para ir à esquina!", argumenta Joana.

Como viver em paz num mundo cheio de episódios de violência? Esse é o desafio que as famílias enfrentam. Mesmo quando os filhos são pequenos, os pais já precisam transmitir-lhes noções básicas de autoproteção, como, por exemplo, não conversar nem aceitar algo oferecido por estranhos, evitar ruas consideradas perigosas, não ficar sozinho em lugares isolados. Formar a noção de perigo, sem chegar ao extremo de transmitir a ideia de que o mais seguro é ficar trancado dentro de casa, é a base da atitude de alerta que possibilita a autoproteção. Quando os adolescentes chegam à conclusão de que dizer aos pais aonde vão e dar uma previsão do horário em que estarão de volta são medidas de tranquilidade, e não de submissão ao controle, podem ser feitos acordos mais satisfatórios para todos.

TRANSFORMANDO SENTIMENTOS

Os sentimentos vão se transformando
E uns nos outros vão se encadear
Quantas vezes é a raiva que surge
Da tristeza ou da frustração!
Sem falar no amor e na raiva
Sempre em tão íntima relação!
E o ciúme que surge do medo da perda
E deseja tudo controlar?
E a mágoa que nos envenena
E vai fortalecendo o ódio e o rancor?
Entendendo essas sutilezas
Vamos nos conhecendo melhor
Pra antes de explodir de repente
Perceber o que há dentro de nós
Captar os afetos dos outros
Abre portas de compreensão
Conversar sobre o que sentimos
Com muito clareza e consideração
Nos ajuda a superar problemas
E mudar pra melhor as nossas relações.

2.2 O conceito de *resiliência*

Numa palestra para professores de uma escola pública, uma pergunta enviada por escrito foi particularmente impressionante. Relatava a seguinte situação: uma menina não tinha trazido o dever de casa porque tivera de passar muitas horas escondida debaixo da cama e lá acabara adormecendo. Perplexa, a professora descobriu que essa era a maneira que a menina encontrava para defender-se nos dias em que o pai chegava a casa alcoolizado e se tornava violento, batendo em quem estivesse ao alcance.

Quando outras crianças ouviram a menina falar sobre isso, começaram a contar como elas se defendiam dos episódios de violência na família. Outras professoras também falaram de suas dificuldades quando surgiam os problemas do convívio com pais violentos: sentiam-se incapazes de ajudar a resolver o problema e observavam que algumas crianças mostravam-se profundamente traumatizadas com os maus-tratos, não só físicos, mas também psicológicos (humilhação, xingamento, ameaças de abandono), enquanto outras conseguiam lidar melhor com as situações difíceis.

Aproveitamos as perguntas e os comentários para desenvolver dois temas fundamentais: o primeiro, a necessidade de a escola detectar os casos de violência na família e notificar o Conselho Tutelar ou a Vara da Infância e da Juventude, para que sejam tomadas medidas pertinentes de proteção à criança e ao jovem em situação de risco; o segundo, o exame do conceito de **resiliência**, que o psicanalista Boris Cyrulnik define como o conjunto de recursos que combate as consequências negativas de um trauma.

Desde o fim da década de 1970 a resiliência tem sido mais estudada pelos profissionais de saúde. Muitos a definem como a capacidade de se reequilibrar a partir das adversidades ou de batalhar pela vida quando se sofre de uma doença grave. É um processo que se desenvolve no decorrer da vida e nos permite encontrar forças para transformar obstáculos em caminhos, dificuldades em oportunidades.

Pessoas, famílias e comunidades resilientes são capazes de encontrar sentido para as adversidades; os desafios são estímulos para o crescimento e para a aprendizagem de novos recursos. Alguns autores enfatizam a importância de contar com a espiritualidade como fator de proteção emocional, assim como a capacidade de cultivar o humor, até para transformar tragédia em comédia, em vez de ficar eternamente lamentando o que aconteceu e conseguir cicatrizar as dores sem jamais perder a alegria de viver.

A pessoa e seu grupo familiar entram em crise quando têm de enfrentar situações muito difíceis: doenças graves de familiares próximos, separação ou morte dos pais, desemprego, miséria, a vida numa comunidade violenta (crianças que presenciam assassinatos, que foram assaltadas ou sequestradas), perdas significativas (de pessoas queridas; da casa em consequência de incêndio, inundação ou deslizamento; da própria identidade, quando obrigados a se refugiar em outro país). Situações de vida como essas são potencialmente traumáticas. No entanto, as pessoas resilientes conseguem atravessar esses momentos difíceis sem se desestruturar, como uma árvore flexível cujos galhos se dobram num vendaval, mas não se quebram. As crises representam um enorme desafio: é fundamental ter flexibilidade para criar novas soluções para os problemas que surgem, ter determinação e força de vontade para enfrentar as dificuldades, saber procurar e pedir ajuda eficiente.

O psicólogo Frederic Flach utiliza o termo resiliência para "descrever as forças psicológicas e biológicas exigidas para atravessarmos com sucesso as mudanças em nossas vidas". Ele e outros profissionais que pesquisam os ingredientes básicos da resiliência concluíram que, em parte, essa característica é inata: há pessoas que, por herança genética e por temperamento, são mais resilientes que outras. No entanto, a resiliência também pode ser desenvolvida no decorrer da vida, especialmente durante a infância e a adolescência; para isso, é fundamental que os adultos importantes para a criança e para o jovem:

- saibam escutá-los e compreender o que sentem diante das situações que enfrentam;
- encorajem a expressão dos sentimentos de tristeza, raiva e medo;

- ofereçam o apoio necessário para que eles se sintam seguros;
- incentivem sua independência e iniciativa para criar saídas e soluções para os problemas.

Desse modo, a autoestima sai fortalecida e a resiliência aumenta: em vez de se sentir traumatizada e derrotada pela vida, a pessoa sente-se mais competente para encarar os desafios inerentes às crises, mantendo uma visão otimista da realidade. Portanto, a qualidade da ajuda oferecida e do relacionamento que se desenvolve é um ingrediente indispensável para o desenvolvimento da resiliência.

Flach sintetizou as principais características da personalidade resiliente:

- criatividade para buscar soluções para os problemas;
- capacidade de suportar dor e sofrimento;
- capacidade de recuperar a autoestima quando esta fica abalada;
- interesse em aprender, com abertura para novas ideias;
- habilidade para fazer e manter amizades, pedindo e oferecendo ajuda sempre que necessário;
- formação de uma filosofia de vida que permite compreender mais a fundo o significado das experiências e das dificuldades que atravessamos;
- autodisciplina e sentido de responsabilidade;
- disposição para sonhar e construir metas de vida;

- senso de humor;
- percepção dos próprios sentimentos e dos sentimentos dos outros, aliada à possibilidade de expressá-los com clareza.

As pessoas que receberam ajuda para fortalecer a autoestima e a resiliência tendem a ajudar outras pessoas que enfrentam as crises da vida: ao serem compreendidas, tornam-se mais compreensivas, desenvolvendo seu potencial de empatia e de solidariedade. Sem o relacionamento afetivo de ajuda, crianças e jovens passam pelas crises com muito sofrimento, solidão, angústia e desamparo.

Assis e colaboradores enfatizam a importância dos **tutores de resiliência**, pessoas significativas que ajudam a tratar das feridas e a dar novos significados aos problemas. Pode ser um professor, amigo, vizinho, parente. A escola é um dos principais tutores da resiliência, porque acompanha de perto o desenvolvimento de crianças e adolescentes e faz parceria com as famílias.

Boris Cyrulnik, abordando traumas que atingem famílias e comunidades, diz que a resiliência transforma o trauma em acontecimento, ao produzir uma história que pode ser contada. O trauma é visto a partir de uma perspectiva dos relacionamentos, dos recursos que diferentes pessoas utilizaram para sobreviver a uma catástrofe e da transformação dos acontecimentos em histórias que permanecem na memória coletiva e ajudam as pessoas a crescer a partir dos sofrimentos de um passado que não será esquecido, mas que não bloqueará os caminhos da vida.

2.3 A construção da infelicidade

Tendo reinado oito anos como filho único mimado, Marcelo perdeu o trono quando nasceu Maria Isabel, com problemas de saúde que resultaram em algumas internações e numa cirurgia cardíaca aos três anos de idade. Em consequência dessas circunstâncias, Maria Isabel virou a princesa da família, concentrando as atenções e as preocupações de todos, exceto de Marcelo, que não conseguia superar o ressentimento de ter deixado de ser o filho único com todos os privilégios, incluindo o de escravizar pais, avós e empregados com solicitações incessantes para sair, brincar, acompanhá-lo nos estudos ou, simplesmente, ficar olhando para ele enquanto desenhava ou lia uma revista em quadrinhos.

A tristeza pela perda de sua posição como rei e o sentimento de ameaça de deixar de ser o queridinho da família agravaram as dificuldades já existentes no relacionamento com as pessoas. A exigência de atenção constante, que todos procuravam satisfazer, contribuiu para que Marcelo crescesse achando que o mundo girava em torno dele. Ficava furioso cada vez que ouvia um "não" a qualquer pedido seu: mais um brinquedo, mais um sorvete, mais uma história na hora de dormir. Choro, gritos, tapas, pontapés, e logo as pessoas cediam aos seus desejos tirânicos, embora ficassem com raiva de ver tanta prepotência e começassem a chamá-lo de egoísta.

As dificuldades de relacionamento eram mais evidentes com as outras crianças: tentando aplicar o modelo que deu certo na família, Marcelo tentava impor suas brincadeiras preferidas e inventar regras nos jogos para ganhar sempre, e detestava emprestar seus brinquedos, embora não tivesse a menor cerimônia de pegar o que quisesse da mão dos outros. Ficou difícil fazer amigos: qualquer frustração em seus desejos gerava uma raiva incontida, e Marcelo batia, xingava e se afastava; raramente era convidado a ir à casa dos amigos, pois sua maior resistência era aceitar as ideias dos outros e entrar em acordo quando surgiam diferenças de desejos.

A sensação de insatisfação e de infelicidade foi crescendo junto com a impressão de não ser querido. Não tendo aprendido a dividir e compartilhar, não conseguia entender o ponto de vista dos outros e sempre achava que estava certo e os outros, errados. Para ele, o problema era que "no mundo só existe gente chata". Nesse cenário, a existência da irmã tornou-se simplesmente insuportável: se emprestar brinquedos era um sacrifício, dividir pai e mãe era intolerável. "Para que vocês quiseram ter uma filha?!" era a pergunta que ele sempre fazia aos pais, inconformado de ter deixado de ser único.

Hoje, Marcelo está com 15 anos e Maria Isabel continua sendo o drama da vida dele. Empacado na dor do ciúme e da sensação de ter deixado de ser o preferido para ser o preterido, tornou-se uma pessoa cronicamente mal-humorada, reclamando de tudo e de todos, tão agressivo que pouca gente consegue chegar perto dele. Implica com a irmã e não perde uma só oportunidade de agredi-la; como esses episódios sempre terminam mal para ele ("Bateu, perde a razão e fica de castigo", dizem os pais), criou a certeza de não ser mais amado: "Meus pais acham que eu sempre estou errado, só eu levo bronca e fico de castigo, com ela nada disso acontece". Na escola, é considerado inteligente, tira ótimas notas, mas vive criando problemas com professores e colegas. "Esta vida é uma droga" é a frase constante que reflete seu longo caminho de construção da infelicidade.

Inteligência emocional é a nova expressão criada para descrever antigos conceitos que os psicoterapeutas sempre utilizaram em seus trabalhos. Em diversas abordagens de psicoterapia, procura-se ver, justamente, onde a pessoa empaca com bloqueios emocionais que atrapalham sua vida: o nervosismo, que faz com que o aluno esqueça tudo o que aprendeu na hora de fazer uma prova; a repetição incessante de padrões de relacionamento que deixam a pessoa infeliz; a impulsividade descontrolada, que faz a pessoa "virar vulcão", incapaz de construir um bom contato com os outros. Em outras palavras, maneiras estereotipadas de reagir resultam em "burrice emocional", que complica desnecessariamente a vida. A pessoa pode ser brilhante em seu rendimento na escola ou em sua capacidade de trabalhar, mas pode ser "burra" ao construir seus relacionamentos, colocando em risco até mesmo sua permanência nos empregos. "É muito competente, mas é estourado demais, cria problemas com todo mundo aqui dentro" é a sentença final que justifica as demissões, quando não é a própria pessoa que vive pulando de um trabalho para outro, permanentemente insatisfeita, sentindo-se injustiçada e incompreendida.

Quem não consegue uma boa integração entre as duas "inteligências" – a racional e a emocional –, encontra sérias dificuldades pela vida afora. A inteligência emocional, portanto, refere-se à capacidade de lidar bem com a própria impulsividade, para não deixar que a raiva se expresse por meio de atos violentos. Isso depende, em essência, do desenvolvimento da capacidade de perceber o ponto de vista dos outros e de fazer acordos quando surgem conflitos e diferenças de opiniões ou de desejos. Em outras palavras, harmonizar cabeça e coração, tolerar as frustrações e criar soluções para contornar os obstáculos que surgem. A partir daí, criaram-se trabalhos como Cursos de Alfabetização Emocional e Programas de Resolução Criativa de Conflitos, com o objetivo de melhorar o manejo da impulsividade e a competência social, como veremos adiante.

* * *

Os pais de Antônia e Rogério, de 10 e 12 anos, estavam muito preocupados com a frequência das brigas entre os dois. O convívio familiar estava difícil, com broncas, castigos e reclamações constantes dos pais, que diziam já não ter o menor prazer de sair para passear com os filhos porque as implicâncias, os tapas e os xingamentos acabavam com a alegria de qualquer programa. Em clima de competição permanente, um tentava diminuir o outro para se sobressair, como se estivessem numa eterna brincadeira de gangorra. Os pais comentaram que era ótimo conversar ou sair com cada um deles em separado; aí, pareciam outras crianças. Mas sempre davam a impressão de sentirem a falta um do outro, quando acontecia de um deles estar na casa de amigos ou ocupado em alguma outra atividade.

Ao serem observados, um detalhe chamava a atenção: não conseguiam ficar sem se tocar, um "grude" constante. É claro que os toques iniciais rapidamente se transformavam em provocação, implicância, brigas. Nas observações que se seguiram, o cenário dos sentimentos foi ficando mais claro: esses toques mostravam carinho, numa fração de segundo.

Antônia e Rogério ficaram muito surpresos quando foram perguntados se, além dos tapas, chutes e beliscões, eles também se abraçavam e se beijavam. Sorriram, encabulados, com um olhar de cumplicidade e, por um breve momento, ficaram de mãos dadas. Uma nova pergunta tentou esclarecer aquela situação:

"– Vocês se envergonham do amor que sentem um pelo outro?"

Antônia escondeu o rosto numa almofada e, com um risinho sem graça, admitiu que sim; Rogério também, e acrescentou:

"– Eu quero ser amigo da Antônia, mas ela não deixa. Bate a porta na minha cara, não quer que eu brinque junto quando tem uma amiga em casa...".

A partir daí, já se podia comentar que, possivelmente, era a vergonha do amor que os impedia de demonstrar carinho e afetividade um pelo outro, disfarçando esses sentimentos por meio de brigas.

A revelação do amor envergonhado foi o ponto de partida para a descoberta da riqueza da fraternidade, que permitiu que essa dupla de irmãos pudesse conviver com mais alegria, brincando mais e brigando menos.

* * *

Uma entre muitas famílias que criaram o vício de brigar procurou o atendimento profissional. Era preciso entender qual a função que as brigas compulsivas preenchiam no cenário familiar, a ponto de impedir que se estabelecesse um clima mais agradável de convívio. Disse a mulher:

> O trabalho e a vida lá fora estão tão estressantes, é tanta pressão que a gente tem de aguentar... Aí eu chego em casa e, em vez de respirar aliviada, entro em outro inferno, com essas duas falando grosserias uma com a outra, tratando mal a empregada, nem ao menos dizem boa-noite quando eu abro a porta... É duro isso, a impressão que eu tenho é que estou cercada de inimigos, dentro da minha própria casa.

O casal vive mal, as duas filhas mal se suportam, os quatro estão insatisfeitos. Todos gostariam de viver melhor, mas o clima de acusações recíprocas impede que cada um pense no que poderia contribuir para tornar o convívio mais satisfatório. O pai comenta que o nível das brigas piorou sensivelmente "de uns três anos para cá".

Questionou-se, então, o que havia acontecido na vida da família naquela época. A mulher teve uma doença grave, correu perigo de vida, tratou-se com bons resultados, mas ficou a mágoa de não ter sido bem assistida nem pelo marido nem pelas filhas. Era necessário entender, portanto, como eles lidaram com o susto, a tristeza, a ameaça de perdê-la. Pelas respostas, percebeu-se que a família não soubera lidar com essa situação. A filha mais nova disse:

"– Reconheço que dei muito pouco apoio à minha mãe. Não queria nem pensar que ela estava doente e muito menos que ela pudesse morrer."

Como mostra esse episódio, para muitas pessoas e para muitas famílias é mais fácil brigar do que chorar, é mais confortável reagir com raiva e rispidez do que admitir o amor, a dor, a tristeza, a decepção. É preciso fazer o caminho de volta, da raiva aos sentimentos que nela se transformaram, encarar as dificuldades para transformar o cenário tumultuado em convívio amoroso.

Em muitas famílias, o amor está escondido debaixo de camadas de raiva, tristeza, mágoa, decepção e medo. Quando todos, alguns ou pelo menos um membro da família consegue ter coragem suficiente para atravessar essas camadas, o amor pode ser trazido à tona para circular entre todos.

* * *

Aparecida estava casada com um homem que bebia muito e tornava-se violento com ela. Devido à dependência do álcool, não conseguia trabalhar produtivamente e passava longos períodos desempregado. Era ela que, passando o dia todo dando aulas, sustentava a família.

Os problemas de convivência com o marido agravaram-se com o passar do tempo, até o ponto em que Aparecida foi agredida de modo particularmente violento. Temendo cenas piores, disse ao marido que queria se separar e, a muito custo, conseguiu convencê-lo a passar um tempo na casa dos pais. Embora reconhecendo que a mãe vivia mal, os quatro filhos de Aparecida a acusaram de expulsar o pai de casa. Atordoada com os sentimentos de culpa e de pena, aceitou que o marido voltasse para casa, mas os episódios de violência contra ela continuaram, até que tomou a decisão de separar-se definitivamente.

Alguns meses depois, Aparecida e os filhos procuraram uma terapia de família, porque o caos estava instalado dentro de casa. Com a separação e o problema do alcoolismo, o pai havia se distanciado e fazia muito não via os filhos; a tristeza pela falta do contato com o pai intensificou a revolta contra a mãe. Passaram a exigir de Aparecida cada vez mais atenção, presentes e privilégios, e a atacavam violentamente quando ela dizia que não tinha dinheiro ou estava cansada demais para sair com eles. Acuada, acabava cedendo e, mesmo exausta, esforçava-se para atender às solicitações dos filhos. Apesar de já serem adolescentes, os filhos não demonstravam compreender a situação da mãe e diziam abertamente que ela tinha de dar conta de tudo, já que se metera a ser pai e mãe dentro de casa. Viam a mãe como inesgotável e incansável, capaz de providenciar tudo o que pedissem sem realmente precisar da colaboração deles para o bom funcionamento da casa.

O trabalho psicoterápico com famílias procura ampliar a compreensão dos sentimentos de todos e esclarecer os circuitos de comunicação que se formam a partir daí. Dessa forma, os membros da família conseguem ver melhor que o que um faz influencia o que o outro faz, e vice-versa. Outro aspecto importante desse trabalho é a análise dos aspectos do relacionamento em que todos empacam em circuitos repetitivos e insatisfatórios, que acabam reforçando o problema, em vez de resolvê-lo.

Um dos circuitos repetitivos mais comuns é este: quanto mais a mãe repete as mesmas ordens ("Vá fazer os deveres, tomar banho, escovar os dentes", e assim por diante), mais a criança diz: "Já vou"; "Espera só até acabar o desenho", e não consegue desenvolver a responsabilidade para fazer o que é preciso por conta própria, sem precisar ser mandada. Isso motiva a mãe a insistir nas ordens e nas ameaças, e a criança resiste. O problema não é resolvido, mãe e criança brigam o dia inteiro e a comunicação consiste, principalmente, em queixas e reclamações. Ou, como no caso de Aparecida e seus filhos: quanto mais a mãe cede aos desejos imperiosos dos filhos, mais eles exigem, sem nada oferecer em troca.

Nesse caso, ao focalizar o encadeamento dos sentimentos, vimos como a tristeza sufocada, em decorrência dos conflitos familiares, transformou-se em raiva e em revolta, aumentando a agressividade. Para muitas pessoas, é mais fácil explodir de raiva do que se desmanchar em lágrimas. Vimos, também, como o sentimento de culpa de Aparecida paralisou atitudes mais eficazes para contornar as dificuldades de relacionamento entre ela e os filhos. A partir desse entendimento, procuramos encontrar novos recursos para lidar com os problemas apresentados, para melhorar a qualidade do convívio, mesmo em períodos complicados da vida em família.

O trabalho de orientação aos pais para ajudar os filhos no processo de "alfabetização emocional" ressalta a importância de desenvolver na criança e consolidar no jovem a capacidade de tolerar frustrações e de esperar. Sem isso, não dá para fazer os acordos de convívio indispensáveis para harmonizar as inevitáveis diferenças entre as pessoas. A vida em família, independentemente de sua organização (com pais casados, separados, viúvos, solteiros ou recasados), apresenta desafios específicos e bons momentos em que o amor pode ser aprofundado na solidariedade e na ajuda recíproca. A família é uma pequena comunidade social, em que cada membro pode colaborar ativamente para a construção de um convívio de boa qualidade.

Muitos pais sentem pena de dizer "não" aos desejos e solicitações do filho, temendo magoá-lo. Sentem-se constrangidos e acuados com os ataques de raiva e de mau humor, temendo que o filho os considere como os piores pais do mundo e deixe de amá-los. Com frequência, esses pais, quando crianças, foram criados com rigor excessivo e cresceram com medo e revolta; ao terem filhos, juram para si mesmos que serão tão bons que nada negarão aos filhos. Além disso, muitas mães sofrem com um gigantesco sentimento de culpa porque trabalham fora ou porque se separaram e, por isso, sentem-se endividadas com os filhos, tendo de compensá-los dando tudo o que pedem.

Com isso, os pais tornam-se súditos do pequeno tirano, que cresce sem formar noções de respeito e de consideração pelos outros, porque pensa que só as próprias necessidades são importantes. Só à custa de muito sofrimento percebem que não conseguem ser os imperadores do mundo e que, portanto, não poderão ter sempre tudo o que querem na hora em que bem entendem.

* * *

Bernardo foi adotado quando tinha seis anos. Abandonado quando bebê, foi levado para um orfanato; com quatro anos, foi para a guarda de um casal, que, após seis meses, desistiu de ficar com o garoto por ele ser extremamente rebelde e agressivo. Bernardo foi levado de volta para o orfanato, onde ficou até ser adotado por Sandra e Arnaldo, que já tinham outros filhos, mas planejavam adotar uma criança mais velha por estarem sensibilizados com a situação de milhares de crianças abandonadas, que precisam do acolhimento de uma família.

Depois de um rápido período de lua de mel, em que Bernardo parecia tímido e cordato, começaram a surgir problemas: implicância, desobediência, recusas para tomar banho, escovar os dentes e péssimo rendimento escolar. Sandra e Arnaldo ficaram com a impressão de que Bernardo sentia um certo prazer em criar casos, em jogar um irmão contra o outro e em gerar tumulto na casa. Na escola, fazia de tudo para perturbar a aula e envolver os colegas para promover uma bagunça infernal. Perceberam que, com isso, tornava-se o alvo da atenção de todos e era o nome mais chamado na casa e na sala de aula, apesar de ser em tom de reclamação.

"Falem mal, mas falem de mim", diz o ditado popular. Crianças que passaram pela experiência precoce de abandono e rejeição crescem com dor e medo. Muitas até mesmo desenvolvem tendências antissociais e apresentam condutas delinquentes como um pedido de socorro ou um teste de amor, do tipo "Vou fazer coisas terríveis para ver se, mesmo assim, eles me aguentam". Nesses casos, muito do que parece ser agressão, provocação ou violência é expressão de uma profunda carência de amor e de cuidados.

Sandra e Arnaldo passaram por um período difícil com o "teste de amor" de Bernardo. Sentiram-se muito ajudados ao frequentar um grupo de pais adotivos que se reúne semanalmente para compartilhar descobertas e dificuldades no contato com os filhos. Com paciência e persistência, conseguiram ajudar Bernardo a entender melhor seus sofrimentos e suas confusões, até que ele adquiriu mais confiança de que seria aceito e amado. Como não precisava mais usar a carapaça da agressividade para acolchoar o medo de um novo abandono, ele começou a dar passos mais firmes em seu novo contexto de vida.

CRESCIMENTO

Quando a gente é criancinha
Acha que faz o que quer
E depois vai aprendendo
A esperar e a combinar
Ninguém é o centro do mundo
Os outros também existem
Saber disso é essencial
Pra conviver e conversar.

2.4 A transformação da raiva

Como mostram as situações aqui apresentadas, muitos sentimentos podem transformar-se em raiva e, muitas vezes, é o amor que fica soterrado, escondido pela tristeza, mágoa, revolta, medo.

No trabalho com as famílias que apresentam problemas de violência, dá-se ênfase especial à aprendizagem do **controle, canalização** e **transformação da raiva**.

A raiva é uma das emoções humanas básicas, necessárias à sobrevivência.

Quando expressa de maneiras saudáveis, ou quando canalizada e bem direcionada, forma a base da capacidade de ser assertivo, de lutar por objetivos e de defender-se quando atacado. Ao contrário, quando sumariamente reprimida, pode acumular-se dentro da pessoa e acabar até mesmo se voltando contra ela, como nos sintomas de autoataque (propensão a acidentes, tentativas de suicídio, doenças autoimunes), ou então manifestar-se sob os vários disfarces da hostilidade (entre os quais a superproteção, a sabotagem, as "brincadeiras" que, em vez de serem engraçadas, ofendem os outros). Há, também, os casos de pessoas que passaram muito tempo "engolindo a raiva" e, num dado momento, para surpresa geral, explodem como um vulcão, arrasando tudo e todos.

Quando a reação agressiva fica fora de controle, a raiva dá origem ao ódio e tende a expressar-se por condutas violentas e, portanto, destrutivas.

"Aprenda a controlar a raiva antes que ela controle você" é o título de uma publicação da Associação Americana de Psicologia que apresenta linhas de ação a serem desenvolvidas para conseguir lidar melhor com a raiva. É importante, em primeiro lugar, aprender a fazer a seguinte diferença: **a raiva é uma emoção humana normal; no entanto, certas maneiras de expressá-la são socialmente inaceitáveis.** Dizer: "Sou espontâneo, quando fico de cabeça quente ninguém me segura", ou "Sou assim mesmo, explosivo e genioso, e as pessoas têm de me aguentar", significa que a pessoa não está se dando conta de que é violenta e precisa aprender a "aparar as arestas". Apesar de alguns, por temperamento, serem mais esquentadinhos do que a média, isso não significa que não possam aprender a acalmar-se antes de "entrar no vermelho". Também aqueles que vivem cronicamente irritados, reclamando de tudo e todos, apresentam facilidade para se enraivecer acima da média. Com isso, fazem da própria vida algo azedo, ácido ou amargo. Isso tudo, menos doce.

Por sua vez, há os que têm medo da própria raiva e vivem engolindo sapos. Algumas dessas pessoas, quando crianças, ouviram os pais dizerem coisas do tipo: "Você não deve sentir raiva do seu irmão, senão, como vão crescer unidos?"; "É pecado sentir raiva da mãe". A raiva, como sentimento, passou a ser vivida com culpa, como algo errado. É diferente quando os pais transmitem a mensagem de que a raiva é um sentimento válido, limitando apenas as expressões que machucam os outros. Por exemplo: "Eu entendo que você está com raiva de mim, mas não pode me chutar".

Com a raiva contida dentro de si mesmos, sem a clareza de expressar o que pensam e sentem de modo assertivo, essas pessoas correm o risco de "implosão": ruminam mágoas e aborrecimentos e, com isso, vão se roendo por dentro e podem acabar apresentando problemas de saúde (como hipertensão, dores de estômago ou de cabeça) e condutas autodestrutivas. Em muitos episódios de suicídio, encontramos histórias de muita raiva sufocada que se transformou em depressão e desespero. Muitas pessoas que têm fantasias de suicídio imaginam esse ato como um grande ataque a todos os que supostamente as fazem sofrer. "Queria ver a cara da minha mãe e do meu pai, se eu tivesse coragem de me matar. Se eu tivesse certeza de que poderia vê-los lá do outro lado, até arriscaria. Eu ficaria muito satisfeita de vê-los se roendo de remorsos", disse Carla, 17 anos, ao falar mais a fundo sobre suas fantasias de suicídio.

Assim, em vez de explodir ou implodir quando a raiva se intensifica, é importante trabalhar maneiras saudáveis e não destrutivas de expressá-la. Achar que tem de descarregar a raiva, seja de que jeito for, em quem estiver por perto, é o caminho mais curto para episódios de violência. A expressão da raiva intensa "em forma bruta" machuca os outros e agrava os problemas, em vez de resolvê-los.

2.5 Como aprender a tomar conta da raiva

A pessoa raivosa demais pode tentar os seguintes caminhos de trabalho pessoal, quando sentir que está transbordando de raiva:

- **Desenvolver técnicas de relaxamento "de emergência" para acalmar-se quando sentir que está a ponto de estourar com violência.** Inspirar fundo e "bufar" (expirar com força, pela boca); repetir mentalmente "calma", "preciso me segurar" ou algo parecido para conter a explosão; "dar um tempo" e sair de perto da pessoa que está despertando essa raiva tão intensa. No entanto, além dessas medidas de emergência, é importante que a pessoa crie o hábito de praticar diariamente uma das várias técnicas de relaxamento ou de meditação para consolidar um estado mais permanente de serenidade interior.

• **Aprender a ver outros ângulos das situações que despertam a raiva.** Como no caleidoscópio, os mesmos elementos formam imagens diferentes, dependendo de pequenos movimentos. A pessoa raivosa tende a pensar que está sempre com a razão e a interpretar fatos ou comportamentos dos outros sempre da mesma maneira. Assim, passa a explodir automaticamente. No entanto, se ampliar a maneira de olhar o que acontece, mudará a maneira de sentir e, por conseguinte, a maneira de agir. Procurando aumentar o campo de reflexão (por exemplo: "Por que fico tão irada sempre que meu pai diz que não posso trocar o canal da televisão?"; "Por que fico com vontade de voar em cima do pescoço de todos os caras que olham para a minha namorada?"; "Que outro tipo de reação eu poderia ter?"), passará a perceber melhor como sua própria raiva é disparada. É importante procurar perceber os sentimentos que estão por baixo da raiva. É insegurança? Medo? Tristeza? Decepção? Com mais reflexão e autoconhecimento, cresce a probabilidade de reagir de modo mais eficiente do que, simplesmente, explodir e atacar. Quanto mais reflexão, menos impulsividade.

O neurologista americano Daniel Siegel, um dos principais estudiosos da neurobiologia dos relacionamentos, considera que uma das descobertas mais surpreendentes dos estudos recentes sobre o cérebro humano é sua característica de neuroplasticidade, ou seja, a capacidade de mudar sua estrutura e função. O cérebro plástico significa que ele é maleável, mutável e adaptável, capaz de mudar a si mesmo no decorrer de toda a vida. E o mais incrível é que podemos usar nossa mente para mudar nosso cérebro!

Com esse conhecimento, o argumento "Eu tenho pavio curto, todo mundo tem de me aturar porque eu já nasci assim" ficou não só ultrapassado como também se tornou inaceitável. Até em termos neurofisiológicos sabemos, agora, que é possível aprender a administrar a raiva. Por isso, quando as pessoas raivosas aumentam sua capacidade de reflexão revendo os episódios em que perderam a cabeça, tentando se entender mais profundamente e pensando de que outras formas poderiam ter reagido, vão gradualmente conseguindo fazer a diferença entre explodir e se expressar. Aprendem a esfriar a cabeça para sair do piloto automático da reatividade e se responsabilizam por suas ações (em vez de achar que os outros são provocadores). Também aprendem a se expressar com mais clareza e a ouvir o ponto de vista dos outros para construir um diálogo reflexivo com mais possibilidades de resolver satisfatoriamente as questões que deram margem ao surgimento da raiva.

• **Procurar melhorar a qualidade da comunicação.** Quando a pessoa não consegue colocar freios na própria raiva, perde a cabeça e acaba fazendo ou dizendo coisas das quais se arrepende, quando recupera a calma. E aí, repetir "Mil perdões, eu estava fora de mim, juro que não vai acontecer de novo" acaba deixando de surtir efeito, uma vez que a mágoa já se instalou e corrói o relacionamento. Quando a pessoa entra de cabeça quente numa discussão, é importante tentar perceber quando está saindo dos eixos, evitar dizer a primeira coisa que lhe vier à cabeça e prestar atenção ao que os outros dizem. É preciso aprender, também, a neutralizar as críticas e os ataques que os outros fazem, sem rebatê-los de modo automático e impensado, para evitar colocar lenha na fogueira, numa escalada da violência. Em vez disso, é recomendável esforçar-se para entender o ponto de vista dos outros, mesmo que não concorde com eles. Esse tipo de atitude costuma ser muito eficaz para esfriar a cabeça de todos, condição indispensável para atacar o problema sem atacar as pessoas. No entanto, na grande maioria das discussões violentas, enquanto uma pessoa acende o fósforo, a outra espalha o combustível. O resultado é explosivo, claro.

Mas não é só a pessoa que explode que precisa melhorar sua comunicação. A que implode também. Quem costuma engolir a raiva tende a achar que é feio ou ruim mostrar descontentamento ou desagrado. O medo de magoar ou chatear os outros, demonstrando que não gostou de algo que eles fizeram, expressa o medo de deixar de ser amada ou aceita, caso reclame ou se queixe.

Porém, a raiva reprimida acaba saindo de outras maneiras, principalmente por meio de comentários irônicos, ou por meio de atitudes misteriosas que acabam exasperando os outros ("Não sabe por que estou praticamente sem falar com você há três dias? Deveria saber!").

A BOA RAIVA

Vamos tomar conta da nossa raiva
Pra que ela não tome conta de nós
As palavras também ferem
Criam mágoa e mal-estar
Dizer o que não gostamos
Sem ofender nem humilhar
Assim nós nos entendemos
E criamos um clima de bem-estar

* * *

O mais importante é conscientizar-se de que a vida nos apresenta, além dos bons momentos, situações em que a gente se frustra, se decepciona e se aborrece. Não podemos mudar isso, mas podemos aprender a reagir de outros modos diante das mesmas situações. Esse é o aspecto básico do trabalho de aprender a tomar conta da própria raiva, em vez de deixar que ela tome conta da gente.

E o amor?

Amor, atração, ciúme, necessidade de controle, sentimento de posse, insegurança formam, em alguns casos, misturas explosivas nos relacionamentos afetivos. A alternância constante de brigas intensas, cenas escandalosas de ciúme, rompimentos e reconciliações cheias de promessas, que deixam de ser cumpridas em apenas uma semana, caracterizam as relações amorosas marcadas pela violência, seja entre marido e mulher ou entre namorados. Um Centro de Prevenção da Violência Doméstica, nos Estados Unidos, elaborou um questionário com várias perguntas, dentre as quais:

- Seu parceiro costuma quebrar coisas quando está com raiva?
- Na relação de vocês, uma pessoa tem mais liberdade que a outra?
- O sexo é um meio frequente de "fazer as pazes" depois de uma briga violenta?
- Você tem medo do seu parceiro?
- Seu parceiro costuma fazer promessas e depois quebrá-las?
- O ciúme dele deixa você assustada ou constrangida?
- Há ocasiões em que as brigas acabam em pancadaria?

Se a pessoa respondeu "sim" a uma ou mais dessas perguntas, é provável que esteja enredada numa relação violenta. Breves momentos de carinho, proximidade e, sobretudo, muitas promessas não atenuam a gravidade dos episódios de violência. Se essa pessoa não conseguir sair sozinha da situação descrita, é preciso procurar ajuda. O trabalho dos grupos de mútuo apoio costuma ser muito eficiente. Um exemplo deste tipo de grupo é o Mada (Mulheres que Amam Demais Anônimas), programa de recuperação para mulheres que se encontram enredadas em relações amorosas destrutivas, cujo objetivo é ajudá-las a criar recursos para construir relacionamentos afetivos saudáveis.

Quando alguém sente dificuldade em amar a si mesmo e em colocar limites ao desejo, corre o risco de maltratar-se. Com isso, a capacidade de proteger-se fica prejudicada e é maior o risco de meter-se em complicações. Por exemplo: na escolha dos parceiros amorosos, a paixão inibe a razão e isso aumenta a probabilidade de selecionar pessoas inadequadas. Amigos e familiares avisam: "Tem tudo para dar errado", mas essas opiniões não são levadas em consideração. O "tesão que não dá para segurar" desestimula, para um grande número de pessoas, o uso da camisinha e aumenta os índices de gestações indesejadas e de doenças sexualmente transmissíveis.

Desenvolver a capacidade de amar é um trabalho importante a ser feito. A relação amorosa como compromisso de compartilhar a vida envolve não só o prazer de estar junto da pessoa amada, mas também a responsabilidade de cuidar bem do relacionamento, fazer planos de vida em conjunto, além das metas individuais. Portanto, ter compreensão e tolerância para fazer os ajustes necessários é condição básica para construir uma vida a dois, sem anular a própria individualidade, procurando fazer feliz a pessoa amada e sendo solidário nos momentos difíceis.

3. A prevenção da violência na família, na escola e na sociedade

A intenção básica do trabalho preventivo é reduzir a frequência e a intensidade dos problemas relativos à violência sentidos pela população. Teoricamente, muitos autores distinguem três tipos de prevenção: primária, secundária e terciária. Na prática, às vezes é difícil distinguir esses níveis de prevenção, principalmente porque eles se mesclam ou se superpõem nas diferentes dimensões de um plano de trabalho.

3.1 Cortando o mal pela raiz, promovendo o bem-estar

A prevenção primária é a tentativa de evitar o surgimento dos focos que dão origem ao problema. Há vários níveis de atuação, cobrindo um extenso raio de ação, incluindo a modificação das leis de proteção à mulher e à criança.

Na prevenção primária da violência, uma das áreas de ação é uma orientação eficiente sobre o planejamento familiar e uma boa assistência pré-natal. Quando a mulher engravida sem querer ter aquele filho e não consegue transformar seus sentimentos de rejeição para ser capaz de amar a criança, aumenta o risco de maus-tratos e de violência no relacionamento. Portanto, a orientação para o uso de métodos anticoncepcionais eficazes é um exemplo de prevenção da gravidez indesejada.

No entanto, ter acesso à informação não é o suficiente: mesmo sabendo dos riscos, muitas mulheres engravidam sem querer, achando que "não vai acontecer" ou atendendo a um desejo inconsciente de ter filhos, embora o momento não seja propício. A dificuldade de controlar a impulsividade prevalece: "Na hora do tesão, não dá para parar e pensar nas consequências", disse Marlene, uma entre os milhares de adolescentes que engravidam a cada ano no Brasil. Foi o que Alberto, de 16 anos, também pensou, e acabou engravidando duas meninas no mesmo ano.

Embora ainda seja alto o índice de gestações na adolescência, dados do Ministério da Saúde mostram uma redução de 34,6% no número de partos de adolescentes entre 10 e 19 anos no período de 2000 a 2009. Possivelmente, isso se deve à ampliação do acesso ao planejamento familiar para que os adolescentes recebam orientação de profissionais de saúde sobre o uso adequado dos métodos anticoncepcionais e a prevenção das doenças sexualmente transmissíveis.

Observa-se, também, um aumento de adolescentes de sexo masculino que procuram os postos de saúde para receber preservativos. Os serviços de saúde estão procurando estimular os rapazes a se envolverem no pré-natal e no parto, acompanhando as parceiras adolescentes na experiência de ter filhos. O Programa Saúde na Escola (PSE) estabelece a parceria entre os Ministérios da Saúde e da Educação no sentido de trabalhar em sala de aula os temas de saúde sexual e reprodutiva para conscientizar os estudantes sobre como evitar doenças sexualmente transmissíveis e gravidez indesejada.

A assistência cuidadosa no pré-natal é um trabalho essencial em prevenção, não só de problemas de saúde da mãe e do feto, mas também da violência. O vínculo amoroso entre bebê e família começa a consolidar-se ainda na gestação. Os primeiros sinais de risco de abuso também podem ser percebidos nas consultas no decorrer da gravidez e logo após o nascimento, quando a mãe não se mostra interessada em cuidar do bebê, exibindo condutas hostis ou negligentes. A decepção ou o choque com o nascimento de uma criança prematura, doente, com algum tipo de deficiência (física ou mental), ou até mesmo com sexo diferente do desejado, pode colocar o vínculo pais-bebê em risco. Durante a gestação, desenvolve-se uma relação com o "bebê sonhado" (do desejo); se o bebê real for considerado muito pior do que o do sonho, haverá o risco de rejeição e de maus-tratos, caso esses sentimentos não consigam ser transformados em amor e aceitação do filho tal como ele é.

Há muitos estudos sobre a capacidade de comunicação do feto e do recém-nascido, desenvolvendo a ideia de que a maneira como somos tratados no ato de nascer pode ter uma influência importante no modo como viremos a tratar as pessoas e o ambiente em que vivemos. É a relação entre a ecologia uterina e a ecologia mundial. Afinal, quando nascemos, somos "apresentados ao mundo" fora do ventre materno. Como é essa primeira impressão? O recém-nascido é capaz de ver, ouvir, sentir o contato da pele, o cheiro, os sabores e, portanto, de interagir ativamente com as pessoas e com o ambiente que o cerca. E tudo isso começa a se desenvolver desde os primórdios da vida intrauterina. Estudos recentes de neurociência mostram que o nosso cérebro é um órgão social: nascemos programados para nos relacionarmos com outras pessoas.

Estudos de psicologia do desenvolvimento, auxiliados pela tecnologia atualmente disponível (ultrassom com alta resolução de imagem, análises computadorizadas de movimentos corporais sutis), apresentam a noção do "bebê competente", que, desde a vida intrauterina, é um ser capaz de interação e de formar os alicerces dos vínculos afetivos. Demonstrou-se, também, que a capacidade de comunicação e de empatia existe desde os primeiros anos de vida, e pode ser estimulada pela ampliação dos recursos de comunicação. Pais que conversam com os filhos sobre as emoções de um modo construtivo ajudam-nos a construir a habilidade de entender e regular suas emoções. Conversar com as crianças sobre os sentimentos dos outros ajuda a desenvolver a empatia. É possível, portanto, expandir o potencial de amorosidade desde os primeiros anos de vida.

Para que isso aconteça, é indispensável receber o recém-nascido com atenção, respeito, carinho e muito amor. Essa é uma contribuição inestimável para a formação de gerações menos violentas e mais capazes de cuidar amorosamente de si, dos outros e do mundo. Cuidar bem das "famílias grávidas", favorecendo a autoestima e o autocuidado, aumenta a probabilidade de que as crianças que estão por nascer sejam bem acolhidas. A assistência ao parto sem o uso excessivo de recursos médicos, sem o abuso de cesarianas desnecessárias, bem como um maior investimento em saúde materno-infantil, são fatores básicos para a formação da cidadania. É preciso garantir a nutrição – tanto de alimentos quanto da afetividade – para o bom desenvolvimento das gerações vindouras.

Sintetizando, estas são as linhas de ação fundamentais para construir *o* **alicerce da formação de gerações não violentas**:

- **Pré-natal integral.** É essencial cuidar não só da saúde física da gestante, mas também da construção do vínculo amoroso na comunicação com o feto durante o período da gravidez, para que a criança seja recebida com competência e carinho no ato do nascimento.

• **Alojamento conjunto.** Os profissionais ligados à assistência neonatal, bem como as famílias, devem esforçar-se para garantir que a lei seja cumprida, como diz o Estatuto da Criança e do Adolescente, no Capítulo 1 (Do Direito à Vida e à Saúde): "É obrigatório manter **alojamento conjunto**". Isso significa que o recém-nascido saudável, que não precisa ficar em observação ou ser internado numa Unidade de Tratamento Intensivo Neonatal, "tem o direito de ficar junto de sua mãe e não isolado num berçário". Há muitos estudos que mostram que a separação entre mãe e bebê nas primeiras horas e dias após o nascimento pode prejudicar a formação do alicerce amoroso e aumentar o risco de rejeição, negligência e abandono. Ao sair do ventre materno, o recém-nascido não só precisa como tem o direito de ir para os braços da mãe, sentir-se acolhido e aconchegado, começar a mamar e sentir-se nutrido de amor.

• **Incentivo ao aleitamento materno.** Apoio e informações práticas que estimulem a amamentação ao seio constituem um bom caminho para garantir ao bebê não só o alimento mais adequado para ele, mas também a nutrição afetiva no aconchego das horas de mamada, durante as quais ele pode sentir o calor e o cheiro do corpo da mãe. É esse o trabalho que a equipe de enfermagem faz com as mães durante a permanência na maternidade. É evidente que, quando o bebê fica ao lado da mãe no período de internação (alojamento conjunto), o ritmo espontâneo das primeiras mamadas e a oportunidade de contato com o olhar, a voz e o cheiro da mãe, e desta com o bebê, facilitam o início da produção do leite e a adaptação do bebê ao seio. Essa oportunidade é negada aos bebês que permanecem no berçário e são levados às mães a cada três horas para serem amamentados.

Muitos pesquisadores dedicados a estudar os primórdios do vínculo amoroso entre o bebê e sua família afirmam que existe um período sensível, a partir dos primeiros momentos após o nascimento e que se prolonga ao longo do primeiro ano de vida, em que a proximidade entre o bebê, a mãe e os outros cuidadores é uma grande oportunidade para construir alicerces sólidos de amor. Ao sentir-se acolhida, aconchegada e bem tratada, a criancinha começa a formar uma visão de mundo favorável, sente-se cercada por pessoas em quem pode confiar. Nesse sentido, o alojamento conjunto e o incentivo ao aleitamento materno constituem ações fundamentais de prevenção primária da violência na família.

Portanto, a construção da paz depende de cuidar bem da formação das novas gerações, sobretudo melhorando a qualidade da assistência pré-natal, do parto e do pós-parto. É igualmente importante tentar ampliar, nos jovens, a consciência da maternidade e da paternidade responsáveis, para evitar as gestações não planejadas, que prejudicam a formação do vínculo amoroso.

Em 1989, um grupo de especialistas, com o apoio da Organização Mundial da Saúde e do Unicef, elaborou o programa dos *Dez passos para o aleitamento materno bem-sucedido*, na tentativa de motivar os hospitais e as maternidades a promoverem condições melhores para a amamentação e a formação do vínculo entre o recém-nascido e a mãe, no alojamento conjunto.

Em 1992, esse programa foi considerado como ação prioritária pelo Ministério da Saúde, que passou a capacitar profissionais de saúde e a estimular a rede hospitalar para o credenciamento. Em 2010, já havia mais de 20 mil Hospitais Amigos da Criança em quase 150 países, promovendo o aleitamento materno, proibindo a distribuição de leite em pó como substituto do leite materno e seguindo os dez passos recomendados (por exemplo, informar às gestantes sobre as vantagens e o manejo da amamentação; oferecer orientação para que a primeira mamada aconteça logo após o parto; não dar ao recém-nascido outro alimento ou líquido a não ser o leite materno, salvo orientação médica contrária; não oferecer chupeta, recomendar que se dê o seio em horários flexíveis). Nos primeiros seis meses de vida, o leite materno é tudo de que o bebê precisa para ficar bem alimentado e protegido contra muitas doenças, como diarreia, infecções respiratórias e alergias.

Ações desse tipo precisam ser multiplicadas: os dados de 2011 apresentados pelo Ministério da Saúde mostram que somente 41% dos bebês brasileiros são alimentados exclusivamente ao seio materno nos seis primeiros meses de vida. Esse índice corresponde à média mundial, embora o percentual ideal, segundo a Organização Mundial de Saúde (OMS), esteja entre 90 e 100% das crianças nessa faixa etária. A OMS promove a Semana Mundial da Amamentação em quase 200 países para conscientizar a sociedade de que, para a amamentação ser bem-sucedida, é essencial o apoio da família, dos profissionais de saúde e dos empregadores.

Vale também mencionar o importante trabalho da Pastoral da Criança, organismo de ação social da Conferência Nacional dos Bispos do Brasil (CNBB) que acompanha milhões de famílias carentes em cerca de 4.100 municípios em todo o Brasil. Esse trabalho é constituído de ações básicas de saúde da família (incentivo ao aleitamento materno, orientação sobre alimentação e princípios básicos de higiene, controle de peso e altura das crianças etc.), contando com a colaboração de mais de 260 mil líderes comunitários, e tem contribuído, de modo expressivo, para a redução da mortalidade infantil (é uma violência extrema perder tantas vidas logo no seu início, por causas totalmente evitáveis com ações de baixo custo e de alta eficiência) e para a melhora da qualidade de vida e do relacionamento familiar na população atendida. As ações da Pastoral da Criança também incluem o acompanhamento de projetos de geração de renda, alfabetização de jovens e adultos e trabalhos com a terceira idade, que promovem o desenvolvimento das pessoas e fortalecem o tecido social das comunidades.

3.2 Canalizando a agressividade, melhorando a comunicação

O impulso agressivo é tão inerente à natureza humana quanto o impulso amoroso; portanto, o que importa é saber canalizar a agressividade para fins construtivos, ou seja, para a capacidade de indignar-se com as injustiças, agir com firmeza, ter tenacidade e persistência para superar obstáculos e procurar concretizar metas, enfrentar a competitividade do mercado de trabalho, ou a "arena" do pátio de recreio da escola.

Quando pais e educadores reconhecem que é nos detalhes do dia a dia que se aprende a colocar em prática os valores fundamentais do relacionamento, descobrem um campo fértil da prevenção primária da violência: **a ampliação dos recursos de comunicação**, com o objetivo de resolver diferenças e divergências entre as pessoas por meios não violentos, em vez de tapas e gritos. O mesmo tema se aplica nos vários tipos de cursos oferecidos a pais e professores: transmitir maneiras eficazes de colocar limites, fazer-se respeitar e obedecer sem recorrer à violência física ou psicológica.

Os princípios básicos transmitidos nesse trabalho com alunos, pais e professores são os seguintes:

- **Aprender a ouvir com atenção, consideração e sensibilidade.** Ao ampliar a capacidade da **escuta sensível**, será possível entender e captar o que está nas entrelinhas das palavras, da linguagem do corpo e dos atos. É o desenvolvimento da arte de ouvir o que os outros dizem que dá maior flexibilidade para olhar os vários ângulos de um problema e melhores condições para criar soluções eficazes.

Desde bem pequenas, as crianças apresentam capacidade de empatia. É muito importante que essa capacidade seja ampliada, para que se desenvolvam os sentimentos de compaixão, compreensão e solidariedade. Isso é essencial para contrabalançar a impulsividade e a violência. Um grande número de estudos sobre a delinquência mostra a possibilidade de prognosticar distúrbios de conduta desde a mais tenra idade e fazer intervenções apropriadas.

Uma das principais linhas de trabalho consiste em esclarecer os "circuitos interativos", visando a ampliar o campo de reflexão e oferecer alternativas de conduta mais aceitáveis. Por exemplo: "Quando você arranca o brinquedo da mão do seu irmão, ele fica assustado e chora e eu fico muito zangada com você; aí, a gente briga e você fica triste, achando que eu gosto mais dele do que de você". E propostas de outros tipos de ação: "Sei que você está chateada porque não vou poder sair com você agora. Acontece que cheguei a casa muito cansado. Mas, em vez de brigar, podemos combinar outra coisa?".

• **Aprender a reclamar do que não se gosta sem ofender, humilhar ou atacar a outra pessoa.** Por exemplo: "Quando encontro sua toalha molhada em cima da cama, fico danada da vida! Coloque no banheiro, por favor", em vez de: "Só um imbecil como você é capaz de deixar uma toalha molhada em cima da cama!". Expressões ofensivas magoam, enraivecem, geram atitudes de revolta, resistência, provocação e contra-ataque. Dessa forma, contribuem para o aumento da violência e não resolvem os problemas. Como ilustra o exemplo inicial, a alternativa não violenta apresenta o seguinte esquema: relatar o comportamento que aborrece a própria pessoa; descrever os sentimentos despertados, de modo não ofensivo; dizer o que espera que o outro faça ou combinar com ele um modo de resolver o problema.

- **Aprender a atacar o problema e não a pessoa.** Por exemplo, em vez de: "Pai, você é careta demais mesmo, não dá pra entender por que eu quero ir a essa festa?", seria melhor dizer: "Pai, vamos tentar chegar a um acordo sobre o horário de sair da festa?". Em vez de se preocuparem com ganhar ou perder a discussão, as pessoas tentam encontrar uma solução. Resolver o problema sem atacar as pessoas envolve a disposição de ouvir o que os outros têm a dizer, tentar entender seus argumentos e pontos de vista, expressar os próprios pensamentos com clareza e tentar negociar uma solução razoável para ambas as partes. Esse é o núcleo básico dos programas de **educação para a paz.** Ao tentar resolver os impasses e os conflitos por consenso, evita-se tanto o autoritarismo (por exemplo, os pais impondo sua vontade sem se importar com o que os filhos pensam e sentem) quanto a permissividade (por exemplo, os pais oprimidos, com sentimentos de culpa, e os filhos tiranos, agindo impulsivamente segundo seus próprios desejos, achando que o mundo inteiro tem de se curvar a seus pés). Na resolução conjunta de impasses e conflitos, as necessidades de ambas as partes são levadas em consideração. Portanto, é preciso desenvolver a criatividade na busca de soluções, assim como a compreensão e a cooperação para formar os acordos de bom convívio, no que poderia ser denominado **democracia doméstica**.

• **Aprender a *neutralizar* a raiva quando esta se intensifica a tal ponto que corre o risco de resultar em atos violentos.** A raiva em excesso faz a pessoa perder a cabeça, dizendo ou fazendo coisas das quais se arrepende depois. Portanto, quando sentir a raiva aumentar, antes de explodir violentamente em cima de quem estiver por perto, convém afastar-se, respirar fundo, contar até vinte, socar uma almofada, beber um copo d'água ou tomar qualquer outra providência que esfrie a cabeça para não perdê-la. É preciso, também, aprender a perceber que tipos de atitudes, gestos ou palavras provocam uma raiva violenta nos outros. Será a maneira arrogante de a pessoa pedir alguma coisa, como se estivesse exigindo atendimento imediato? Será o fato de insistir além da conta, com a esperança de vencer pelo cansaço? Será a mania de brincar de gangorra, ou seja, criticar e depreciar os outros para se sentir superior?

• **Aprender a dizer o que gosta com relação ao que os outros dizem ou fazem.** "Adorei a comida que você fez hoje"; "Gosto quando a gente conversa durante o jantar em vez de ficar vendo televisão". No dia a dia, essa atitude é essencial para criar um clima de harmonia e bem-estar dentro de casa. Quando os outros percebem que a pessoa reconhece o que eles fazem de bom, passam a tratá-la com mais carinho e gentileza. Valorizar as pequenas alegrias, os pequenos ganhos, os pequenos progressos: tudo isso ajuda a construir o **olhar de apreciação**, base da formação da autoestima e do gosto pela vida.

• **Aprender a descarregar as tensões inevitáveis de modo saudável.** Muita gente se sente mais calma e relaxada depois de uma hora de ginástica, natação ou qualquer outro esporte em que se descarregam tensões e raivas acumuladas, de modos não destrutivos. A prática do relaxamento e da meditação é um dos caminhos mais eficazes para atingir a serenidade, mesmo em épocas difíceis, e construir a paz interior. Vale mencionar que a motivação inicial da maioria das pessoas envolvidas com o abuso do álcool e outras drogas ilícitas foi a tentativa de relaxar as tensões do dia ou fugir dos problemas. O resultado é que, em consequência do abuso de substâncias psicoativas, os problemas se agravam e os episódios de violência se intensificam. Daí ser fundamental, no trabalho de prevenção primária, sugerir modos saudáveis de descarregar tensões e cultivar a alegria nos pequenos momentos do dia a dia.

• **Aprender a tolerar as diferenças.** Comumente, a pessoa raivosa, agressiva e violenta é a que não aceita que os outros pensem e ajam de modo diferente do que ela deseja. A dificuldade de aceitar as diferenças (de desejos, opiniões, maneiras de ser, credos, partidos políticos ou etnias), aliada à possibilidade de abuso do poder (político, econômico, social ou da força física), é uma das principais raízes das condutas violentas. O exercício da tolerância é a base da formação dos acordos de convívio, em que as pessoas procuram resolver impasses e conflitos criando soluções que sejam razoáveis para todos.

Tolerar as diferenças e conseguir fazer acordos significa também ser capaz de tolerar frustrações, aceitar a realidade de que nem sempre acontece o que a pessoa quer na hora em que gostaria. A pessoa raivosa e impulsiva tem baixa tolerância à frustração e explode quando as coisas se passam de forma diferente do que ela esperava ou desejava. Ser capaz de esperar, contornar obstáculos, modificar seus desejos e fazer acordos são habilidades indispensáveis para lidar com a raiva e com as frustrações inevitáveis de modos não destrutivos. Em outras palavras, conseguir ser assertivo sem ser violento.

• **Aprender a usar métodos não violentos para colocar limites e favorecer a disciplina.** Dizer que a criança só atende com gritos e palmadas é o caminho mais curto para criar o circuito da violência na família: muitas crianças passam a desafiar as ameaças, dizem que a palmada não doeu e fingem que não escutam os gritos, e isso exaspera os pais, que passam a gritar e a bater ainda mais, como único recurso para serem atendidos. Essas medidas disciplinares resultam em violência física e, sobretudo, em violência psicológica, quando as ameaças se tornam pesadas a ponto de aterrorizar a criança ou desembocam em críticas, xingamentos, condutas de rejeição, isolamento e abandono.

Muitos pais batem não só porque não conseguem colocar limites de modo firme, sereno e consistente, mas, sobretudo, porque acham que esse é um meio legítimo de impor disciplina. No entanto, quando perguntamos se acham que os professores ou a babá poderiam dispor desse recurso para serem obedecidos, ficam indignados e respondem: "Claro que não!". Portanto, se os pais acham que educadores e empregadas domésticas precisam usar métodos não violentos para colocar limites e garantir o cumprimento das tarefas, por que eles próprios não conseguem fazer o mesmo?

Há muitos métodos não violentos para educar: quando a criança desobediente ou agressiva é colocada "para pensar" a ideia é fazê-la refletir sobre o que aconteceu e estimulá-la a imaginar um desfecho mais favorável para a situação ("o que você poderia ter feito, em vez de gritar comigo e me dar um tapa?"); privá-la temporariamente de coisas de que ela gosta ou restringir atividades como brincar ou ver TV, caso ela não tenha cumprido suas obrigações, favorece o desenvolvimento da "lei da realidade" ("primeiro os deveres, depois os prazeres") e não da "lei do desejo" ("só faço o que eu quero do jeito que quero").

A noção do castigo como consequência lógica refere-se à questão de dar a oportunidade de consertar o malfeito. Por exemplo: os jovens que deixaram paredes da sala de aula pichadas têm de assumir a responsabilidade pela pintura da sala; o que foi deliberadamente quebrado em função de um episódio de violência terá de ser restaurado. Esse também é o pensamento subjacente às medidas socioeducativas propostas pelo Estatuto da Criança e do Adolescente para punir os infratores. Diz o artigo 112, do Capítulo IV:

> Verificada a prática de ato infracional, a autoridade competente poderá aplicar ao adolescente as seguintes medidas: advertência; obrigação de reparar o dano; prestação de serviços à comunidade; liberdade assistida; inserção em regime de semiliberdade; internação em estabelecimento institucional.

Um número crescente de escolas em vários países está adotando a construção dos pactos de convivência entre alunos, professores e outros membros da equipe escolar. As leis do bom convívio são elaboradas em conjunto para resolver problemas em comum. É um ótimo recurso de preparação para o mundo do trabalho, pois propicia a prática da resolução de conflitos pela ótica do ganhar-ganhar, privilegiando o trabalho em equipe. Possibilita aprender a transformar "conflitos ruins" (que resultam em desentendimentos crônicos, ou na escalada da violência) em "bons conflitos", que resultam em soluções que melhoram a qualidade do convívio.

Os pactos de convivência são o eixo principal dos programas de combate ao *bullying* e ao *cyberbullying*. A prevenção primária deste fenômeno que tanto está preocupando famílias e educadores é a educação em valores, em que o respeito por si mesmo e pelo outro precisa ser cultivado para interromper o ciclo da violência. Importante, também, é desenvolver a clareza da comunicação, aprendendo a expressar seus sentimentos e a entender os dos outros para construir acordos que possibilitem satisfazer necessidades sem recorrer ao uso de violência física ou psicológica.

Para incluir esses programas no projeto pedagógico, algumas escolas estão convocando as famílias e os próprios alunos para desenvolver uma parceria eficiente no sentido de estabelecer uma clara diferença entre brincadeira e agressão, uma vez que muitos autores de *bullying* e de *cyberbullying* argumentam que estão "apenas brincando, os outros é que não sabem brincar". No entanto, brincadeira é quando todos se divertem; quando alguns se divertem provocando constrangimento, humilhando ou aterrorizando outros, isso é agressão. O limite precisa ficar bem estabelecido: "Agressão não é diversão!". Trata-se de criar alternativas para brincar e se divertir em um clima de segurança e bem-estar.

Crianças e adolescentes passam um tempo considerável na rede, trocam mensagens e navegam pela internet por meio de celulares e de computadores. Precisam receber orientação com relação ao uso responsável da tecnologia e desenvolver autoproteção. A ONG Safernet organizou cartilhas para oferecer sugestões práticas para a segurança na rede. Os ataques de *cyberbullying* (a crueldade *online*) estão se tornando mais frequentes e, na maioria, caracterizam-se por mensagens difamatórias de alto teor agressivo, muitas vezes revelando preconceitos e atitudes discriminatórias. Esses ataques são devastadores, uma vez que alcançam plateias gigantescas em questão de segundos, intensificando os sentimentos de vergonha, humilhação e desespero das vítimas.

Os autores de *cyberbullying* acham que estão exercendo sua liberdade de expressão, dizendo o que querem, mesmo que seja de forma profundamente ofensiva e cruel. Essa distorção do conceito de liberdade de expressão facilita os atos violentos que caracterizam o *cyberbullying*. Famílias e escolas, portanto, precisam colocar limites claros, mostrando que essas ações são inaceitáveis: é possível mostrar aquilo que não gostamos sem ofender nem humilhar; liberdade de expressão inclui respeito pelos outros, sinceridade e compaixão.

> A violência é aprendida
> O respeito também é
> Somos nós que decidimos
> De que jeito vamos nos comunicar

* * *

Os recursos de comunicação sintetizados anteriormente constituem as habilidades básicas a serem desenvolvidas para que as pessoas atuem como **construtores da paz**. Para colocá-las em prática é importante prestar bastante atenção aos detalhes do cotidiano, tanto na família quanto na escola e no grupo social. Os grandes temas da vida e os valores fundamentais podem ser encontrados e desenvolvidos nos momentos pequenos e triviais do dia a dia do relacionamento entre pais, filhos, irmãos, professores e colegas, desde os primeiros anos escolares.

3.3 Agir para que o problema não continue a crescer

A prevenção secundária é a tentativa de abreviar a duração ou a intensidade do problema por meio de um diagnóstico precoce e de tratamentos eficazes.

Estudos mais detalhados sobre características de personalidade que representam riscos para o desenvolvimento do comportamento violento têm sido alvo de interesse para formar programas de intervenção mais eficazes. D. Farrington é um dos muitos pesquisadores que buscam, nas crianças, sinais precoces, seja com relação ao comportamento, seja com relação ao meio ambiente, de riscos de desencadear comportamentos violentos e antissociais, na adolescência e na idade adulta. Meninos pobres vivendo em áreas de risco nos centros urbanos, com baixo rendimento escolar nos primeiros anos, constituem a população mais vulnerável ao desenvolvimento de conduta antissocial. Outros fatores de risco são:

- pais com disciplina rígida demais ou inconsistente;
- pais que não colocam os limites devidos e não transmitem valores morais;
- conflitos conjugais sérios ou famílias monoparentais, resultando numa vida familiar caótica;
- falhas no alicerce do vínculo amoroso com os pais (devido a separações precoces ou a depressão materna), gerando um sentimento de insegurança básica;

- pais ou irmãos com condutas antissociais ou com uso abusivo de drogas (incluindo o álcool);
- pertencer a grupos constituídos por outros jovens violentos;
- ineficiência da Justiça e fragilização das instituições formais e informais de controle (Igreja, família, escola, polícia);
- problemas escolares (baixo nível de inteligência, mau desempenho escolar, condutas delinquentes na escola);
- hiperatividade, dificuldades de atenção e concentração, impulsividade descontrolada, traduzindo-se em permanente agitação, condutas desafiadoras diante das figuras de autoridade;
- condutas antissociais (desonestidade, recusa de cumprir tarefas, criar tumultos), resultando em problemas de relacionamento com colegas e professores.

Segundo várias pesquisas, na adolescência, as principais características de personalidade que representam risco de comportamento violento são:

- dificuldade em respeitar as figuras de autoridade;
- desrespeito aos sentimentos e direitos dos outros;
- grosseria para com as pessoas e tendência a resolver os problemas com violência física ou com ameaças;

- queixa frequente de que a vida tem sido injusta;
- desempenho escolar ruim e frequente falta às aulas;
- alta incidência de advertências, suspensão ou expulsão da escola;
- ligação com gangues e envolvimento em brigas violentas, furtos ou atos de vandalismo;
- uso de álcool e/ou outras drogas.

Na linha de intervenção precoce, o Departamento de Educação da Universidade de Minnesota criou um plano denominado "Desaprendendo a Violência", para ajudar escolas e comunidades a criar ambientes seguros e protetores para as crianças. O lema básico é não tolerar a violência e estimular ações de respeito e consideração pelos outros. O programa encoraja os adultos a assumirem a responsabilidade de promover o bem-estar de crianças e jovens e a atuarem como modelo positivo de identificação. Enfatizar a necessidade de fortalecer os fatores positivos do desenvolvimento de crianças e jovens na família, na escola e na comunidade é um dos caminhos mais eficientes para contrabalançar os efeitos destrutivos que contribuem para a violência.

Campanhas de conscientização do público para começar a agir de modo mais eficaz podem servir de exemplo de prevenção secundária. Na questão do combate ao excesso de violência nos meios de comunicação, uma das campanhas lançadas nos Estados Unidos chama-se "Desligue a violência". À medida que um número crescente de pessoas decidir desligar a televisão ou mudar o canal que apresenta programas ou filmes violentos, haverá mudanças na programação, devido aos baixos índices de audiência. Considera-se que, nos filmes violentos exibidos na TV e no cinema, a violência é apresentada como uma maneira aceitável de resolver conflitos, sem que as consequências físicas, emocionais ou sociais sejam mostradas com a devida clareza. Isso ajuda a criar a falsa imagem de que o comportamento violento "não é tão grave como dizem".

Outra campanha americana interessante é a *Most of us* (*A maioria de nós*), que aplica conhecimentos científicos da teoria das Normas Positivas da Comunidade para desenvolver soluções para problemas sociais complexos na área da saúde e da segurança.

Estimular a expansão de comportamentos saudáveis reduz os de risco; quando adequadamente orientadas, pessoas e comunidades conseguem construir boas soluções para os problemas que enfrentam. O *marketing* das normas sociais é um dos instrumentos utilizados nas campanhas cujo foco é reduzir o uso do tabaco e do álcool, utilizar cinto de segurança e alertar para o perigo de beber e dirigir.

A teoria das normas sociais comprova que as pessoas são influenciadas por suas percepções do que é **normal** ou **típico**. Por exemplo, se os adolescentes acreditam que a maioria dos seus colegas fuma, tenderão a fumar. Mas se, na realidade, a maioria não fuma, essa informação pode estimular muitos jovens a não fazer uso do tabaco. Trata-se, portanto, de realinhar a percepção das pessoas com a realidade de que a maioria de nós adota um estilo de vida saudável, e isso pode estimular muita gente a seguir nessa direção.

Na Colômbia, foram criadas as Escolas de Perdão e Reconciliação (Espere) para trabalhar diretamente ódios, rancores e desejos de vingança que estimulam a escalada da violência. Buscando caminhos de amizade, solidariedade, justiça e paz, essas escolas (que também existem no Brasil) adotam os métodos clássicos de solução de conflitos (mediação, conciliação, arbitragem), reconhecendo que a violência não se resolve com mais violência ou apenas com intervenções policiais. Buscando a paz por meio da transformação dos sentimentos e dos efeitos libertadores do perdão para as pessoas e os povos, tentam recuperar a solidariedade social, a segurança e o significado da vida.

O fundador das Espere, Leonel Narváez Gómez, enfatiza que perdão e reconciliação não são sinônimos de impunidade: a justiça e a verdade são elementos essenciais desse trabalho que dá às vítimas a possibilidade de expressar o que sentiram com a ação do agressor, demandando deste uma reparação material ou moral para os danos sofridos. Os facilitadores treinados para esse tipo de trabalho procuram os meios para curar as feridas agravadas pela persistência do rancor e do ódio e restaurar o sentido da vida de todos os envolvidos.

Os trabalhos centrados no conceito de **justiça restaurativa** seguem caminhos semelhantes: em contraste com a justiça convencional, que gira em torno da culpa e da punição dos malfeitos cometidos no passado, a justiça restaurativa olha para o futuro e centra-se em torno da seguinte pergunta: o que pode ser feito para reparar as perdas ou superar os traumas causados pelo agressor e restaurar o relacionamento? Com o auxílio de um facilitador, a vítima, o agressor e outras pessoas de uma família, de um grupo ou de uma comunidade que também foram atingidas pela ação violenta, tentam construir em conjunto uma solução para o problema. As pessoas envolvidas são estimuladas a expressar seus sentimentos, a dizer como foram afetadas e a buscar caminhos para a reparação das perdas e para evitar que o problema se repita.

O Instituto Brasileiro de Justiça Restaurativa (IBJR), criado em 2007, coordena trabalhos em parceria com outras entidades em diversos contextos como, por exemplo, em escolas para reduzir a incidência de *bullying*, promovendo uma reflexão profunda sobre os comportamentos agressivos e expandindo os recursos de comunicação para a construção da paz. Nas escolas que aderem a esse projeto, implanta-se um Círculo Restaurativo, com a participação de alunos, de membros da equipe escolar e das comunidades para descobrir o que motivou o conflito e os caminhos para a construção de um acordo que resulte em melhoria do relacionamento e do ambiente escolar.

3.4 Programas de ampliação de competência social

Há escolas em alguns países que, preocupadas com o aumento da agressividade de crianças e adolescentes não só no contexto familiar como no escolar, passaram a adotar programas de **ampliação de competência social**, com o objetivo de criar alternativas ao comportamento agressivo. Esse tipo de trabalho destina-se a crianças e jovens em risco de se tornarem adultos violentos por já mostrarem alto índice de conduta agressiva, e utiliza os seguintes recursos:

- **Desenvolvimento da empatia.** É a capacidade de colocar-se no lugar dos outros. Por exemplo, pede-se ao agressor para escrever um texto do ponto de vista da pessoa agredida. Outra maneira de ampliar a capacidade empática é esmiuçar os "circuitos interativos": em outras palavras, o que a gente faz influencia o que os outros fazem com a gente, o que, por sua vez, torna a influenciar nosso comportamento. A pessoa com pouca capacidade de empatia sente muita dificuldade em perceber como seus atos repercutem nos outros. Daí a utilidade de focalizar o que acontece, nos circuitos interativos que cria confusão e refletir sobre outras alternativas de ação que resultariam em circuitos interativos mais eficientes. Por exemplo, quando os pais dizem algo assim: "Quando você diz que a comida está um horror e manda a empregada fazer um ovo frito com esse tom de voz arrogante e agressivo, ela o atende de cara feia; aí, você se chateia e reclama que as pessoas atendem seu irmão com boa vontade e são antipáticas com você". Ou, então: "O que você acha que está fazendo para os amigos se afastarem de você? O que você poderia fazer para atraí-los de volta?". Nesses dois exemplos, os pais ajudam os filhos a aprofundar a reflexão sobre a consequência de seus atos. Quando se fortalece a capacidade empática, torna-se mais fácil colocar-se no lugar dos outros e **aprender a criar soluções**, em vez de **confusões**.

- **Controle da impulsividade.** Aumentar o campo do pensamento reflexivo que permite lidar melhor tanto com a raiva quanto com o desejo impulsivo. Por exemplo: algumas famílias de "esquentadinhos" criam soluções bem-humoradas para sinalizar a necessidade de "colocar água fria na fervura". Uma delas é o cartão amarelo que uma pessoa mostra para quem começa a se exaltar demais, e o cartão vermelho, que significa expulsão do campo (por exemplo, quem não consegue parar de criar confusão tem de sair da mesa de jantar); em outras famílias, as pessoas combinam fazer um videoteipe das cenas "quentes", tentando reconstruí-las com outras alternativas menos agressivas. Quanto maior a capacidade de reflexão, maior a possibilidade de parar para pensar antes de estourar violentamente. No entanto, o uso desses recursos depende da decisão da pessoa ou do grupo de dar um basta ao comportamento agressivo e de se esforçar por criar alternativas mais agradáveis de convívio.

- **Transformação da raiva.** Reconhecer que a raiva é um sentimento humano legítimo e necessário; porém, há maneiras de expressá-la que são nocivas e destrutivas. Aprender a canalizar a raiva e transformá-la em outros sentimentos é justamente isso: mostrar raiva, indignação, revolta de modo firme, incisivo e convincente, sem bater, xingar, ofender, depreciar ou humilhar os outros. Além disso, examinar mais a fundo as raízes dessa raiva e ver se ela, na verdade, encobre mágoas, tristezas ou outros sentimentos que podem ser expressos com mais clareza, aprofundando o entendimento entre as pessoas. Ao examinar as próprias maneiras de expressar raiva, procurar diferenciar as que são úteis das que são meramente destrutivas. E, sobretudo, não confundir **franqueza** com **grosseria,** nem **espontaneidade** com **indelicadeza** e **falta de educação**.

Aprender a lidar com a impulsividade e a raiva é um trabalho pessoal de evolução que precisamos fazer ao longo de toda a nossa vida. Muitos adultos não conseguem fazer isso e se tornam violentos em muitas circunstâncias: em brigas no trânsito, em lojas, com os colegas de trabalho, e com os próprios familiares. É essencial fortalecer a valorização dos comportamentos de prevenção da violência, em vez de considerar que a pessoa violenta é a que tem "personalidade forte", ou "é macho porque não leva desaforo para casa". Resolver problemas sem brigas violentas e negociar soluções justas de modo pacífico requer muito mais força e capacidade do que partir para "quebrar a cara dos outros".

Por isso, os modelos de trabalho com grupos de pais também focalizam as questões da impulsividade e da raiva sem freios. Muitos pais dizem que os filhos os provocam a tal ponto que a "raiva sobe e fica incontrolável" e, por isso, acabam agredindo os filhos. Ou, então, os filhos são alvo de violência física ou psicológica dos pais, que neles descarregam seu estresse com o trabalho ou as dificuldades financeiras e, também, suas frustrações com um casamento ruim, ou com a sobrecarga de cuidar de tudo sozinhas, como é o caso de muitas mulheres separadas e viúvas que são chefes de família. Assim, em vez de gritar e bater, como podem falar com os filhos de modo firme e consistente? Como podem criar, junto com os filhos, maneiras de melhorar o convívio e estabelecer regras de convivência civilizada dentro de casa? É preciso reconhecer que é grande o desafio de harmonizar diferenças de idade, desejos, temperamentos e necessidades para todos aqueles que dividem o espaço da casa e vivem na intimidade dos laços familiares.

A prevenção secundária no âmbito do desenvolvimento comunitário pode ser feita por meio da implantação de projetos sociais que abrem caminhos para uma melhor qualidade de vida individual e comunitária. É interessante observar que muitos desses projetos nascem de uma ideia simples, começam numa área restrita e se expandem, com frequência, muito além dos sonhos mais otimistas de seus idealizadores. Daí a importância de acreditar na força das ideias e no poder das redes de apoio, que permitem concretizar e ampliar o projeto.

No Brasil, um belo exemplo é o Comitê de Democratização da Informática (CDI), que surgiu a partir de um sonho de Rodrigo Baggio: implantar escolas de informática em favelas. Fundado em 1995, o CDI promove educação digital, cidadania e empreendedorismo. Implantou cerca de mil escolas no Brasil e está presente em mais de uma dúzia de países, como Argentina, Chile, Colômbia, Equador, Inglaterra, Jordânia, Espanha, México, Peru, Uruguai, Venezuela. Com isso, constrói-se a inclusão social pela tecnologia da informação como exercício da cidadania. A partir do reconhecimento de que é indispensável democratizar o acesso ao conhecimento (o principal componente da economia contemporânea), o CDI conseguiu parcerias com o poder público, empresas privadas e outras ONGs.

Um pequeno gesto de ajuda foi o ponto de partida para que Muhammad Yunus criasse um enorme projeto. Autor do livro *O banqueiro dos pobres*, esse professor de economia em Bangladesh se compadeceu da situação de miséria sem saída de uma comunidade próxima à universidade. Emprestou, de seu próprio bolso, uma quantia irrisória para algumas mulheres comprarem material para seu artesanato, e isso foi o ponto de partida para que elas conseguissem gerar renda e reconstruir a vida. Alguns anos de batalha, ampliando a rede sem desistir diante dos obstáculos, resultaram no Banco Grameen, criado para emprestar dinheiro aos pobres: uma revolução do microcrédito, poderoso instrumento de combate à pobreza, que inspirou muitos projetos semelhantes, abrindo caminhos para milhões de pessoas em vários países.

A experiência do microcrédito inspirou Muhammad Yunus a desenvolver o conceito de **negócio so-**

cial – trata-se de um instrumento de erradicação da pobreza focado em solucionar um problema social por meio de mudanças na arquitetura da economia capitalista, usando, para isso, os métodos de negócios. Desse modo, possibilita o acesso de pessoas e comunidades a melhores condições de vida. Grandes empresas convencionais (que visam o lucro) estão promovendo negócios sociais para fabricar produtos de boa qualidade a um preço acessível às camadas menos favorecidas. Por exemplo, iogurte fortificado com micronutrientes para combater a subnutrição das crianças e sapatos a preços acessíveis para pessoas de baixa renda. Portanto, para criar um negócio social o olhar se volta para detectar um problema social que se deseja resolver (redução de problemas de saúde devido à baixa qualidade da água ou à desnutrição, reflorestamento, proteção de bacias hidrográficas, por exemplo) e procurar uma solução de negócio para ele.

3.5 Reduzindo os danos causados pelo problema

A prevenção terciária tem por finalidade reduzir as sequelas decorrentes de problemas mais sérios, que não puderam ser evitados nem atenuados. Envolve programas de reabilitação física e social para que as pessoas com algum tipo de deficiência possam ser ajudadas a funcionar da melhor maneira possível dentro de suas limitações. Por exemplo:

reintegrar o paciente psiquiátrico, ou o que sofreu mutilações em decorrência de acidentes, ao contexto familiar, social ou de trabalho.

Outros exemplos de prevenção terciária são os programas de recuperação ambiental de áreas intensamente degradadas, envolvendo o desenvolvimento comunitário. No Quênia, a ativista Wangari Maathai ganhou o prêmio Nobel da Paz em 2004 pela fundação do Movimento Cinturão Verde (*Green Belt Movement*), que estimula mulheres de comunidades carentes a plantar árvores em regiões devastadas. Desta forma, desenvolve capacidade de liderança, empreendedorismo, criatividade e cultura da paz. Desde 1997, as pessoas envolvidas nesse projeto conseguiram plantar cerca de 45 milhões de árvores no Quênia. Em âmbito internacional, lançaram a Campanha do Milhão de Árvores em 2006, com a proposta de plantar um milhão de árvores por ano em diversos países.

Na prática, muitos programas misturam os diferentes níveis de prevenção, de acordo com os segmentos da população atendida. Há inúmeros projetos, como o balé da Edisca (Escola de Dança e Integração Social para Crianças e Adolescentes, em Fortaleza) e o Corpo de Dança da Maré (no Rio de Janeiro), que oferecem formação artística e cultural a crianças e jovens de comunidades carentes e com alto índice de violência como alternativas de resgate da autoestima e abertura de oportunidades de vida e de trabalho.

Há também ateliês de artes plásticas liderados por ex-pichadores que se tornaram grafiteiros e procuram recuperar jovens infratores. Esses programas mostram que mesmo os adolescentes com muitos episódios de delinquência podem ser recuperados, desde que sejam construídos outros caminhos, sobretudo de profissionalização, em que eles se sintam valorizados e respeitados. Saem, portanto, da condição de marginais-marginalizados-excluídos a partir do momento em que adquiram melhores perspectivas de uma vida digna, nelas incluído um emprego.

Da mesma forma, as estratégias de trabalho para dissolver gangues violentas baseiam-se, fundamentalmente, em abrir caminhos alternativos: os membros das gangues são convidados a participar do planejamento dos programas de ação que procuram criar empregos e cursos profissionalizantes, melhorando a perspectiva de vida e de construção de melhor autoestima. Embora nem todas as gangues sejam compostas exclusivamente de membros de grupos minoritários, e a maioria dos jovens desses grupos não faça parte de gangues, elas representam uma subcultura desviante nas comunidades, cujo aspecto mais proeminente é a violência dirigida a outros jovens de grupos minoritários. Mas, se os jovens tiverem outras opções e exemplos, será possível modificar e atenuar o comportamento violento.

Com a violência já instalada no contexto social, os programas de prevenção terciária precisam atuar em muitas áreas, até mesmo na mudança da imagem da violência na mídia. Inúmeras pesquisas sintetizadas pela Universidade de Washington apontam os fatores que mais contribuíram para que a violência se entranhasse no tecido social e sugerem várias linhas de ação. Entre eles, estes têm destaque especial:

- **Extrema pobreza, miséria, desemprego.** Esses fatores, sobretudo quando aliados à falta de esperança de melhores perspectivas e a um contexto de profundas desigualdades sociais, aumentam o índice de violência. Falta de moradia, fome, violência nas ruas, aliciamento de crianças e jovens para o exército paralelo do tráfico de drogas, o crescimento alarmante da gravidez entre adolescentes, perpetuando o ciclo da miséria, todos esses são fatores de risco para o aumento da violência.

O rápido avanço tecnológico, aliado à globalização da economia, tem levado ao aumento assustador do desemprego em quase todos os países, ameaçando a paz social do mundo pelo aumento da massa dos excluídos. Esse estado de desequilíbrio abre espaço para a exploração do trabalho infantil, em que crianças e adolescentes podem chegar a trabalhar acima de suas forças, com total prejuízo a sua saúde e formação educacional, em troca de um pagamento irrisório. O trabalho infantil destrutivo envolve exploração e abuso, e caracteriza-se por: período de trabalho integral; estresse físico ou emocional; más condições de trabalho; remuneração inadequada; responsabilidade excessiva; atividades prejudiciais à educação, à autoestima e à dignidade.

No Brasil, têm sido feitas algumas campanhas para combater o trabalho infantil abusivo. Em 1995, a Fundação Abrinq lançou o Programa Empresa

Amiga da Criança para incentivar organizações do setor produtivo a combater a exploração de mão de obra de crianças. Criou o selo "Empresa Amiga da Criança" para as organizações que comprovem a não utilização do trabalho infantil em sua produção e se comprometam a promover ações de conscientização sobre os malefícios do trabalho infantil.

O Programa Bolsa Família, criado no Brasil pelo governo federal em 2004, é um programa de transferência de renda que atende mais de 13 milhões de famílias em situação de extrema pobreza. A contribuição mensal alivia de imediato as privações da pobreza, mas está atrelada a condicionalidades que estimulam o desenvolvimento dos membros da família: por exemplo, as crianças precisam estar vacinadas, as gestantes e nutrizes precisam comprovar que estão sendo acompanhadas nos postos de saúde e a frequência escolar é obrigatória. Procura-se, também, articular ações para estimular a capacitação para o trabalho, possibilitar o acesso ao microcrédito e a oportunidades de geração de renda para que as famílias consigam superar a situação de vulnerabilidade. Esse tipo de ação promove justiça social e prevenção da violência.

Mas o Estado não consegue atender sozinho a todas as demandas sociais: é preciso expandir as ações da sociedade civil responsável e solidária, capaz de criar um capital social, e não apenas um capital econômico. Com o crescimento da responsabilidade social empresarial, muitas empresas passaram a publicar, além do balanço financeiro anual, o "balanço social", ou seja, o que está sendo feito para promover a melhoria da qualidade de vida da população por meio de projetos socioculturais. O Grupo de Institutos, Fundações e Empresas (Gife), formado em 1989, tem por objetivo estimular a consciência do empresariado para não se limitar a ações meramente assistenciais e passar a elaborar projetos que promovam transformações sociais significativas, que resultem em desenvolvimento sustentável. Esse grupo tornou-se referência de investimento social privado no Brasil, estruturando parcerias entre o Estado e outras organizações da sociedade civil com o objetivo de superar a desigualdade social e influenciar políticas públicas que estimulem o desenvolvimento sustentável do país.

Para isso, é preciso que proliferem iniciativas focadas em dar às pessoas que vivem em comunidades de baixa renda a oportunidade de desenvolver seus talentos e abrir novos caminhos de vida. Por exemplo, a ONG Cruzada do Menor, no Rio de Janeiro, tem como foco o desenvolvimento do potencial de crianças, jovens, adultos e idosos: o programa Plantando o Amanhã oferece, entre outras ações, cursos de técnica de vendas para jovens, em parceria com um *shopping center*; para amenizar a catástrofe provocada pelas chuvas na região serrana no Rio de Janeiro em 2011, criou o Centro de Capacitação Profissional Daschú (em alusão a "das chuvas"), em parceria com o Senai, para oferecer, entre outras coisas, cursos de corte e costura, de eletricista e de pedreiro, com o foco de promover o fortalecimento da comunidade prejudicada pelas inundações.

Trabalhos como esses estão mudando o perfil assistencialista e promovendo o desenvolvimento de pessoas e de comunidades: em vez de dar o peixe, ensinam a pescar.

• **Gravidez de adolescentes.** Em grande número de casos, adolescentes grávidas estão sujeitas a maior incidência de depressão, a falta de capacidade de cuidar e de sustentar a criança, a falta de apoio social, a menores oportunidades de prosseguir os estudos ou conseguir empregos, a desvantagem socioeconômica. A conjunção desses fatores insere a relação mãe-filho na área de risco da violência doméstica. Programas eficazes de orientação, acesso a meios anticoncepcionais para prevenção da gravidez não planejada e equipes multidisciplinares de atendimento à adolescente grávida, ao seu companheiro e às respectivas famílias são medidas essenciais para minimizar os riscos de distúrbios emocionais e favorecer a boa formação do relacionamento amoroso com o bebê.

• **Uso abusivo de álcool e de outras drogas lícitas e ilícitas.** O alcoolismo, sobretudo quando associado à facilidade de acesso a armas de fogo e à dificuldade do controle da raiva, aumenta drasticamente o índice de homicídios. Entre os jovens, já é a principal causa de mortalidade em alguns países. Estudos especializados mostram que, quando os jovens abusam do álcool e têm um revólver à mão, o risco de violência aumenta rapidamente: numa estatística sobre homicídios envolvendo pessoas da família, 90% dos assassinos e das vítimas fizeram uso de álcool ou de outras drogas antes dos assassinatos. Além disso, em termos da saúde do usuário, o álcool é a droga que mais mata, até no trânsito. A Organização Mundial de Saúde (OMS) considera os acidentes de trânsito como um dos maiores problemas de saúde pública no mundo, provocando, além das mortes, deficiências físicas permanentes em um grande contingente de pessoas. A Organização das Nações Unidas (ONU) inaugurou, de 2011 a 2020, a Década de Ações para a Segurança Viária em escala global, com o objetivo de estabelecer planos de ação e mobilizar recursos necessários para obter redução expressiva dos índices de acidentes nas estradas.

No Brasil, a Lei nº 11.705, popularmente conhecida como "Lei Seca", entrou em vigor em 2008 e impõe penalidades severas para o condutor que dirigir sob o efeito do álcool (em quantidade superior a 0,1 mg por litro de ar expelido no exame do bafômetro). Em 2009, a Polícia Rodoviária Federal lançou, em parceria com outros órgãos públicos, a campanha *Dirigir alcoolizado é crime e pode dar cadeia*, para enfatizar a trágica realidade das estatísticas: segundo os dados do Ministério da Saúde e da Associação Brasileira de Medicina do Tráfego (Abramet), o uso do álcool é responsável por 30% dos acidentes de trânsito. Por ano, nas estradas brasileiras, há cerca de 37 mil vítimas fatais e 120 mil pessoas hospitalizadas. O Brasil é o quinto país em número de acidentes de trânsito, atrás da Índia, China, Estados Unidos e Rússia.

A inoperância de esquemas para a prevenção do uso de drogas e o combate ao tráfico tem facilitado sua rápida expansão. Atualmente, inúmeras cidades de pequeno e médio porte já apresentam aumento alarmante de consumo, até mesmo do *crack*, que até há pouco tempo era considerado droga típica das grandes cidades. Um número crescente de jovens de ambos os sexos está se envolvendo com o tráfico de drogas. As principais razões alegadas para entrar no crime são a possibilidade de ganhar mais dinheiro do que os próprios pais; o acesso a bens materiais antes impossíveis de adquirir; o fascínio do poder das armas e do confronto com os policiais; a melhor autoestima.

- **Fácil acesso a armas de fogo.** Esse fator tem gerado aumento não só no número de homicídios como também no de suicídios, até na adolescência. Dados do Ministério da Saúde e do Mapa da Violência apontam que 35.233 pessoas morreram assassinadas por armas de fogo em 2010. Isso corresponde a 70,5% dos 49.932 homicídios cometidos no Brasil nesse ano. Cerca de 90% dos homicídios são feitos com armas de fogo, a maioria em situação irregular. Entre 1980 e 2010, no Brasil, cerca de 1,1 milhão de pessoas foram assassinadas. Esse número é superior ao das mortes ocorridas no conflito entre Israel e Palestina nos últimos 53 anos, em que morreram 125 mil civis. Matou-se, no Brasil, um número muito maior de pessoas do que em países há décadas envolvidos em guerras. A taxa de homicídios, em 1980, era de 11,7 por cem mil habitantes e aumentou para 26,2 por cem mil em 2010. Para a ONU, 10 homicídios a cada 100 mil caracterizam uma epidemia.

Entre os jovens de 15 a 24 anos, a situação é ainda mais dramática: o Mapa da Violência 2011 mostra que, na população não jovem, só 9,9% do total de óbitos se devem a causas externas; mas, entre os jovens, essas causas externas (acidentes, homicídios e suicídios) respondem por 62,8% das mortes.

Após a criação do Estatuto do Desarmamento, em 2003 (que regulamenta registro, posse e comercialização de armas de fogo e munição), o Ministério da Justiça lançou algumas edições da Campanha Nacional do Desarmamento com o objetivo de estimular a entrega voluntária de armas de fogo e contribuir para a redução da violência. Apesar de já ter sido recolhido quase um milhão de armas, o controle das fronteiras para evitar que novas remessas sejam contrabandeadas ainda deixa a desejar. Por isso, os altos índices de mortes violentas que acontecem por acidentes domésticos, brigas nos bares e no trânsito, na vizinhança ou em crimes passionais ainda são preocupantes. Com uma arma na mão, em momentos de descontrole, a pessoa atira e causa um dano irreversível.

O problema da violência em consequência do uso de armas de fogo tem se agravado a tal ponto que, em alguns países, há escolas que instalaram detectores de metais e seguranças para rastrear os alunos que tentam entrar armados. A informação que muita gente desconhece é que a maioria dos episódios violentos ocorre entre familiares, amigos e conhecidos que não conseguem segurar a raiva quando surgem discussões, seja dentro das próprias casas, seja nas escolas, nos bares ou no trânsito. Portanto, a presença de armas de fogo dentro de casa contribui significativamente para o agravamento dos problemas. As brigas até então "resolvidas" com tapas ou socos passaram a ser "resolvidas" com armas de fogo, resultando em ferimentos, lesões graves ou até mesmo em mortes.

Um número especial da revista *Pediatrics*, dedicado ao exame do papel do pediatra na prevenção da violência, dá ênfase especial à orientação para que, como medida de segurança, as famílias evitem ter armas de fogo em casa, e apresenta pesquisas segundo as quais a presença de armas de fogo em casa triplica o risco de homicídios e quintuplica o risco de suicídios. Essa publicação estimula os profissionais de saúde a participar ativamente de campanhas em favor da restrição ao porte de armas e até mesmo da fabricação de armas de brinquedo, por servirem de modelo para condutas violentas.

A questão é que, em alguns contextos, portar um revólver na cintura é um símbolo visível de poder. Como mostra a socióloga Alba Zaluar, para os adolescentes franzinos da favela, "revólver na cintura impõe respeito" e a disposição para matar faz um garoto "criar fama", porque mostra aptidão para defender sua honra, ou seu espaço, na tentativa de concretizar o sonho de ser um "bandido-herói", aquele que não tem medo de ninguém.

• **Abandono e negligência das crianças.** A dor da rejeição, do abandono e da negligência gera frustração, insatisfação crônica das necessidades básicas e baixa autoestima. Para um grande número de crianças, a carência do amor e da **nutrição afetiva** cria condições propícias para o nascimento do ódio e da revolta, que desembocam em condutas violentas e em delinquência. Como mostra Winnicott em seu trabalho sobre a íntima ligação entre tendência antissocial e privação emocional nos primeiros anos de vida, a esperança de ser percebido, mesmo que seja para receber punição, está presente nas condutas antissociais.

No Brasil, o Projeto Axé, desenvolvido em Salvador, é também um exemplo bem-sucedido de trabalho de recuperação de jovens. Utilizando a "pedagogia do desejo", meninos e meninas são estimulados a construir projetos de vida e a encontrar caminhos para sua realização. Com a exigência de frequência a uma escola regular, o Axé é uma iniciativa não formal de educação, que começa com a chamada **paquera pedagógica**, em que educadores especialmente treinados abordam os meninos e as meninas que vivem nas ruas com o objetivo de reintegrá-los a suas famílias, à escola e ao trabalho. Reconhecendo que "a vida nas ruas é arriscada, mas também é fascinante", o Axé procura criar desafios positivos para essas crianças e jovens acostumados ao risco. Essa é a área da Educação de Rua e, além desta, há outras áreas de atuação: a da Oficina de Ideias, que trabalha a construção de brinquedos; e das Empresas Educativas, com a finalidade de profissionalizar os adolescentes, com diversas unidades (Oficina de Papel de Arte Reciclado, Serigrafia, Alta Costura, Decoração, Serralheria); a do Sistema de Encaminhamento ao Trabalho, feito em parceria com empresas que empregam os adolescentes que se profissionalizaram nas unidades; a do Projeto Erê, que trabalha cultura e arte (Banda Afro, Capoeira, Teatro, Dança, Artes Circenses, Balé). Outras áreas de atuação do Projeto incluem: Alfabetização, Defesa de Direitos, Apoio às Famílias, Centro de Educação para a Saúde, Centro de Formação para Profissionais (que oferece cursos até para a Polícia Militar, enfatizando a questão dos direitos humanos). O núcleo fundamental do trabalho é a flexibilidade e a criatividade das propostas, ao reconhecer que a educação terá melhores condições de preencher as necessidades dessa população se apresentar uma variedade de abordagens formais e informais.

As linhas de ação para prevenção e tratamento da violência na família são fundamentais, uma vez que o ciclo da violência tende a passar de uma geração a outra: um número expressivo de adultos abusadores foram crianças vitimizadas pelo abuso de outros adultos, mais frequentemente dos próprios familiares. A obrigatoriedade de notificação aos Conselhos Tutelares, ou à Vara da Infância e da Juventude, que muitas vezes atuam em conjunto com entidades especializadas no atendimento às vítimas da violência, é um caminho necessário para o controle da violência nas famílias em situações de risco.

O preparo de profissionais que atuam na área da saúde, educação e outras é também um passo importante para capacitar um número maior de pessoas com técnicas adequadas para o controle e a prevenção da violência. Várias universidades e institutos oferecem cursos de especialização em atendimento à criança e ao adolescente, vítimas da violência doméstica, em caráter teórico-prático.

• **A glorificação da violência na mídia.** Há incontáveis estudos sobre os efeitos nocivos, em crianças e em adolescentes, da excessiva exposição à violência na TV, nos *videogames*, filmes e revistas. A conclusão geral é que o alto índice de violência nos meios de comunicação de massa contribui para a formação de modelos negativos de identificação, que são imitados por crianças e jovens e geram, portanto, comportamentos agressivos. Uma pesquisa da Associação Americana de Psicologia mostrou que as crianças americanas, antes de completarem o ensino fundamental, já assistiram a cerca de oito mil assassinatos e cem mil atos de violência na televisão. Isso sem contar as cenas de violência no cinema, nos *videogames* e, evidentemente, nas ruas e dentro das próprias casas. A violência na TV tem influência sobre os índices crescentes de homicídios, estupros e assaltos. Com isso, aprende-se a ser violento por meio de três processos básicos:

- aprendizagem por imitação dos modelos valorizados que estimulam não só a repetição por imitação, mas também a geração de novas ideias de condutas violentas a partir do que foi visto;
- mudança de atitude: de tanto observar cenas violentas, a violência passa a ser aceitável e considerada como um meio legítimo de resolver problemas;

- perda da capacidade de se horrorizar com a violência: as cenas violentas (tanto as da mídia quanto as das ruas) passam a ser vistas como banais, fazendo parte do dia a dia.

As ações de prevenção terciária nesse contexto de violência enraizada na mídia implicam, entre outras coisas, atos e campanhas da sociedade civil para impedir o excesso de programas com conteúdo violento e **parar com a glorificação dos personagens violentos na mídia.** Como diz o demógrafo e economista francês Jean-Claude Chesnays:

> Em nome de que um produtor de filmes tem o direito de chegar a sua casa e lhe impor imagens criminosas? Em nome de que princípio? Ele chega a sua casa e, durante duas horas, faz seu filho ver litros de sangue, quantidades de armas, automóveis que se atropelam. Que direito tem ele de fazer isso? Não, o Conselho Superior do Audiovisual, que temos na França, não é censura. É uma emanação da sociedade civil. Não é um órgão de polícia. É composto de representantes dos cidadãos, dos sindicatos, das mães, das prefeituras, das comunidades. Essas pessoas se reúnem e dizem: "Atenção, vocês não podem exibir isso, é perigoso, é excessivo. Nós, consumidores, [...] não estamos satisfeitos com o produto que vocês nos oferecem [...]". Não, isso não é censura [...]. Os produtores de televisão, eles sim, exercem uma ditadura.

- **Falta de assistência do Estado.** A falta de investimentos do orçamento governamental nas áreas de educação, saúde e segurança facilita o surgimento de "poderes paralelos", especialmente vinculados ao tráfico de drogas, que cria um "Estado dentro do Estado", facilitando a escalada da violência. Com a omissão do Estado, moradores de áreas mais violentas são submetidos ao comando das quadrilhas ligadas ao crime organizado que impõem suas leis, cerceando a liberdade de ir e vir das pessoas daquelas comunidades e restringindo até mesmo seus direitos: lojas de eletrodomésticos recusam-se a fazer entregas em áreas de alto risco de roubo de cargas, funcionários dos Correios são desaconselhados a levar correspondência para essas áreas. A impunidade dos episódios de corrupção e abuso do poder também é um fator que contribui para o incremento da violência.

A proliferação e o baixo custo das armas leves, num contexto de impunidade e de falta de repressão do contrabando de armamentos e do tráfico de drogas, facilitam enormemente o aumento do contingente de crianças e adolescentes como soldados, não só das guerras oficiais entre diversos países como também das guerras das quadrilhas ligadas ao tráfico. No final de 2008, o governo do estado do Rio de Janeiro começou a implantar as UPPs (Unidades de Polícia Pacificadora) em algumas comunidades da cidade do Rio de Janeiro, com o objetivo de reconquistar os territórios dominados pelo tráfico ostensivamente armado e pelas milícias, assegurando a ordem pública para que os habitantes dessas comunidades se sintam valorizados como cidadãos e o Estado possa responsabilizar-se pela segurança, coleta de lixo, luz, serviço de esgoto sanitário, bem como pela implantação de escolas e postos de saúde, entre outros serviços essenciais.

No entanto, a presença da polícia pacificadora, treinada nos moldes da polícia comunitária, cobre apenas parte das necessidades. Complementarmente, é preciso consolidar as ações da chamada UPP Social que, em parceria com outras organizações, possibilita a formalização dos negócios informais, oferece capacitação e oportunidades de abrir postos de trabalho, além de promover atividades culturais, esportivas e de lazer.

Outra área em que o papel do Estado tem sido duramente criticado é na questão do crime/castigo. Por um lado, o clima de impunidade estimula algumas pessoas a fazerem justiça com as próprias mãos (como no caso dos linchamentos), trazendo o grave risco de criar o caos e o descontrole da fúria cega que coloca a vingança violenta no lugar da resolução justa dos problemas.

Por outro lado, o sistema prisional brasileiro está sendo considerado por muitos uma escola de pós-graduação do crime, não só por misturar presos de baixa e alta periculosidade, mas também pelas inúmeras violações dos direitos humanos, como torturas e superlotação dos presídios, que aumentam o ódio e a revolta e prejudicam o processo de ressocialização dos presos. Douglas Hurd, antigo ministro inglês, afirmava que a prisão é uma maneira muito cara de tornar as pessoas piores.

Pelos dados do Sistema Integrado de Informações Penitenciárias (Infopen) do Ministério da Justiça a população carcerária no Brasil chegou a quase meio milhão de pessoas em 2010. O número de pessoas presas aumentou 41,05% entre 2005 e 2010, gerando um déficit de quase 200 mil vagas. Esse grave problema não se resolverá com a construção de um maior número de presídios, mas poderá ser reduzido expressivamente com a expansão dos chamados mutirões judiciários (que "descobrem" um grande número de pessoas indevidamente mantidas nas penitenciárias após terem cumprido a pena), e também com a aplicação em maior escala das penas e medidas alternativas.

Para melhor examinar essa possibilidade, foi criada a Conapa (Comissão Nacional de Penas e Medidas Alternativas). As penas alternativas podem ser aplicadas aos crimes sem grave ameaça às pessoas ou crimes culposos, como uso de drogas, acidentes de trânsito, furtos, injúria, calúnia e difamação. As penas mais comumente aplicadas são pagamento em dinheiro à vítima, doação de cestas básicas a instituições que atendem a população carente, prestação de serviços à comunidade, interdição temporária de direitos (por exemplo, de dirigir veículos, de exercer a profissão, de frequentar determinados lugares).

Mesmo nos casos de prisão, muito pode ser feito na prevenção terciária da violência, para reintegrar o preso à sociedade. As experiências bem-sucedidas de gestão comunitária de cadeias conseguem reduzir as taxas de reincidência no crime para até 5%, contra 85% em cadeias comuns. Utilizando um modelo humanista, criam frentes de trabalho para os presos, que geram recursos para as famílias, facilitam a ressocialização e até reduzem a pena, pois a cada três dias de trabalho a pena é reduzida em um dia.

Quando o Estado não desempenha plenamente suas funções, traficantes e bandidos tomam o poder, aterrorizando a população. O cenário violento se expressa pelo fechamento de escolas quando ocorrem tiroteios entre quadrilhas rivais, pelo uso de senhas pelos moradores para serem reconhecidos como pertencendo à área etc. Além disso, lixeiros, carteiros e agentes de saúde são proibidos de trabalhar em horários de comércio de drogas, para não atrapalharem os negócios.

Em resumo: nos programas preventivos é importante ampliar os recursos da amorosidade nos relacionamentos entre as pessoas, com o objetivo de ampliar as fronteiras da cooperação e da solidariedade. Os programas mais eficientes são os que incorporam as práticas participativas, de capacitação, que incrementam a aptidão para o empreendedorismo. Ou seja, há o reconhecimento do problema comum e a busca de soluções como responsabilidade de todos. Com isso, será possível colocar mais luz nas áreas sombrias do estresse e da violência do nosso cotidiano. E esse é, sem dúvida, um trabalho de ligação entre saúde, educação e justiça social.

4. Construindo caminhos de paz

"Como as guerras nascem na mente dos homens, é na mente dos homens que devem ser erguidas as defesas da paz."

Esse é o primeiro tópico do preâmbulo da Constituição da Unesco, elaborada em 1945, quando o mundo saía da Segunda Guerra Mundial, com a preocupação de tentar construir uma cultura da paz e não apenas uma cultura da guerra. O século XX, marcado por duas guerras mundiais, destacou-se também pela criação de entidades que congregam o maior número possível de países dispostos a impedir que o ódio e a violência, que brotam das divergências e da sedução do poder, resultem numa destrutividade irremediável.

Em outro tópico desse mesmo preâmbulo, encontramos o seguinte: "Uma paz fundamentada apenas em acordos econômicos e políticos dos governantes não conseguiria atrair a adesão unânime, duradoura e sincera dos povos e, consequentemente, essa paz deve ser estabelecida sobre o fundamento da solidariedade intelectual e moral da humanidade". E, nas palavras de Federico Mayor, ex-diretor-geral da Unesco:

> Construir a paz é empreender uma ação preventiva. Não devemos apenas estar prontos para intervir quando um conflito eclode, mas também temos de ser capazes de captar seus sinais precursores com antecipação suficiente para impedi-lo [...]. Toda ação individual conta, por modesta que seja. Instaurar uma cultura da paz é algo que diz respeito a todos. A paz já não é vista como um acordo entre os poderosos, como uma graça que desce sobre um país privilegiado em um determinado momento: é um estado da sociedade para o qual todo o cidadão contribui a cada instante [...]. Na família, na escola, no trabalho, nos parlamentos e nos bares, temos de defender diariamente as possibilidades da paz. As ações isoladas podem fortalecer-se mutuamente. Assim se produzirá, pouco a pouco, uma mudança que permitirá passar de uma cultura condicionada por séculos de guerra a outra cultura, finalmente colocada sob o signo da paz.

A socióloga Elise Boulding e o antropólogo William Ury, ao estudarem diferentes culturas desde a Antiguidade, refletem sobre o papel que a paz sempre desempenhou na história da humanidade. O foco da história na guerra e na conquista do poder oculta a importância da não violência como uma estratégia eficaz de sobrevivência. Sob as camadas de violência, há preciosos recursos de construção da paz. Em toda a história da humanidade, na maior parte do tempo, as pessoas cuidam de suas famílias, organizam o trabalho, resolvem problemas e procuram a satisfação das necessidades básicas, além de se expressarem pela arte, pela música, pela poesia, mas isso pouco aparece nos livros de história. O desejo de vincular-se, que faz parte da natureza humana, motiva a resolução pacífica dos conflitos.

Portanto, apesar do misto de violência e paz presente em todas as épocas e em todas as culturas, a maioria das pessoas convive razoavelmente bem com as diferenças. Como enfatiza William Ury, a coexistência predomina sobre o conflito destrutivo. A paz é mais comum do que a guerra. Portanto, não devemos olhar a paz como um ideal inatingível, mas como uma realidade.

Tecendo todas essas considerações, Elise Boulding se pergunta: por que é mais difícil enxergar a paz? Ela não é tão noticiada. Conviver com a diversidade é a base da cultura da paz: é só olhar a nossa mão, cada dedo é diferente mas a mão não funcionaria bem se todos fossem iguais. A diversidade cultural é tão importante para a sobrevivência do planeta quanto a biodiversidade.

Para William Ury, a violência é uma escolha. A alternativa é reforçar a cultura da coexistência. Procurar desenvolver ideias geniais não apenas para criar novos modelos de jatos ou de computadores, mas também para criar maneiras melhores de lidar com as diferenças.

Manuel Castells é um sociólogo espanhol que se dedica a estudar o impacto da tecnologia na sociedade. Para entender as características da sociedade em rede, ou sociedade da informação, é útil olhar as etapas anteriores do desenvolvimento da humanidade: da caça-coleta evoluindo para a agricultura, daí para a sociedade industrial que caminhou para a etapa pós-industrial, na qual o conhecimento e a disseminação da informação passaram a ocupar um lugar de extrema relevância.

As redes sociais existem desde os primórdios da humanidade, mas, a partir da década de 1970, com o crescimento exponencial da tecnologia baseada na microeletrônica, novos caminhos se abriram, gerando profundas mudanças não só na organização da sociedade como também na economia, nos negócios e na política. Castells mostra que, até a era industrial, as redes atuavam predominantemente na vida privada, enquanto no mundo dos negócios e na política predominavam as estruturas verticais de poder (nações, exércitos, igrejas, grandes empresas) que concentravam recursos e cujas ações eram definidas por autoridades centrais, em relações hierárquicas entre superiores e subordinados. Na transição para a sociedade em rede, começaram a se delinear as estruturas horizontais de poder, descentralizando as decisões, que passaram a ser distribuídas por unidades semiautônomas interligadas que coordenam, em conjunto, as grandes decisões.

Portanto, as redes de comunicação digital são a espinha dorsal da sociedade em rede, que pode ser definida como a estrutura social que opera por meio das redes digitais de informação e comunicação, superando as barreiras de tempo e espaço e gerando uma profunda revolução na comunicação entre as pessoas, bem como na organização do mundo.

Entramos em uma era em que temos a possibilidade de consolidar uma cultura global de coexistência, cooperação e conflito construtivo em um mundo cada vez mais interdependente. Mesmo na área dos negócios e nos grandes blocos econômicos, a capacidade de competir depende cada vez mais da possibilidade de cooperar. E, como vimos enfrentando problemas graves em nível global (terrorismo, mudanças climáticas, perda da biodiversidade, necessidade de expandir as energias renováveis para diminuir a poluição atmosférica, tráfico de drogas, entre outros), começa a se estruturar uma governança global, na qual chefes de Estado, grandes empresários e líderes de diferentes tipos de organizações de países em todos os continentes se comunicam por meio de fóruns virtuais para, em conjunto, pensarem soluções para problemas que nações ou organizações, isoladamente, não conseguem resolver – um verdadeiro **banco mundial de ideias**.

A ONG One Earth Future é uma das organizações cujo trabalho é direcionado para a criação de um arcabouço de governança global e que enfatiza que, sem construir a paz, não será possível alcançar os níveis de cooperação, inclusão e igualdade social indispensáveis para enfrentar eficazmente esses desafios globais.

Por outro lado, as estruturas de poder horizontal da sociedade em rede que se comunica em tempo real pela tecnologia digital apavoram os regimes ditatoriais ainda presentes em alguns países, porque aumentam o poder de ação da sociedade civil organizada. Por isso, os ditadores coíbem o quanto podem o acesso de suas populações a essa tecnologia, para não perderem o controle da informação e da comunicação.

O movimento que começou em 2010 e se tornou conhecido como Primavera Árabe é um exemplo dessa nova possibilidade de populações inteiras organizarem protestos clamando por democracia e justiça social sem um líder ou um comando central, contando com o poder das redes sociais digitais e burlando as proibições dos governos ditatoriais. Um jovem tunisiano ateou fogo ao próprio corpo como protesto contra as péssimas condições de vida da população pobre. Sem que ele próprio soubesse, esse foi o ponto de partida para que, com a rápida disseminação das informações por meio das mídias sociais digitais, uma multidão passasse a se reunir para exigir a renúncia do presidente Ben Ali, na época há quase trinta anos no poder. Pouco depois foi a vez do Egito: inspiradas pelos acontecimentos na Tunísia, multidões se reuniram na praça Tahir e levaram o presidente Hosni Mubarak, também há mais de trinta anos no poder, a renunciar menos de um mês após o início dos protestos.

Em seguida, veio a Líbia: os protestos resultaram em oito meses de violentos combates entre os rebeldes e o exército líbio, culminando no assassinato do ditador Muammar Kadafi que exercia o poder desde 1969: as fotos feitas por câmeras de celulares mostrando o corpo ensanguentado do ditador foram imediatamente colocadas na internet, e tornaram-se disponíveis para o mundo inteiro. A pressão popular possibilitada pelas redes sociais também ocasionou a renúncia de Ali Saleh, presidente do Iêmen.

Sem dúvida, foi o instrumento fundamental desse exercício de poder dos povos: todos esses acontecimentos estão mudando o cenário geopolítico do Oriente Médio e do Norte da África, e seus desdobramentos são ainda imprevisíveis. Como diz um antigo ditado africano: "Quando as teias das aranhas se unem, são capazes de deter um leão".

É importante ressaltar que foi a juventude insatisfeita com o desemprego crescente e com o cerceamento às liberdades que agitou essa sequência de revoluções, organizando e disseminando informações, furando o bloqueio dos regimes ditatoriais, como mostra o relatório da Dubai School of Government sobre a influência da internet na Primavera Árabe. São esses jovens, entre 15 e 30 anos, que estão contribuindo significativamente para mudar a face do poder nessa região do mundo: é a sociedade em rede construindo a paz.

Inspirados nos protestos da Primavera Árabe e de outros países que estão levando milhares de pessoas às ruas (como o movimento dos Indignados, na Espanha), surgiu, no centro financeiro de Nova York, o Ocupem Wall Street, com o lema "Nós somos os 99%". Os participantes protestam de modo não violento contra a ganância e a corrupção do 1% das pessoas que formam as grandes corporações e a classe política; expressam a frustração com as políticas públicas que privilegiam uma pequena elite em detrimento da grande maioria da população. Esse movimento de protesto se espalhou rapidamente por muitas cidades americanas e também por outros países, marcando 2011 como o ano das revoluções possibilitadas pelas redes sociais digitais, guiadas pela esperança de abrir caminhos para acabar com o insustentável sistema global de pobreza e opressão.

4.1 Reduzindo a violência, construindo a paz

A psicóloga americana Joy Osofsky e outros autores, em revisão de várias pesquisas, ressaltam os fatores principais que podem reduzir a violência:

• **Melhor interação entre pais e filhos e entre educadores e alunos.** Especialmente nos primeiros anos de vida, a velocidade do desenvolvimento (incluindo os trilhões de conexões dos neurônios do nosso cérebro) é tão grande que vale a pena aproveitar as chamadas **janelas de oportunidades** para a formação de gerações de construtores da paz. Estudos recentes da neurociência mostram que os seres humanos já nascem com a capacidade de formar vínculos afetivos e de ter empatia. A base fisiológica dessa capacidade encontra-se nos **neurônios-espelho**, descobertos na década de 1990: os bebês conseguem imitar expressões faciais e choram quando escutam outro bebê chorando.

Essa capacidade de construir conexões sociais pode ser desenvolvida desde a mais tenra idade, mostrando que, na verdade, nascemos para amar. Mas, para desenvolver esse potencial amoroso, precisamos que nossa família nos trate com amor, carinho e respeito: somos muito mais dependentes da qualidade das interações pessoais para manter uma boa saúde física e mental do que os pesquisadores supunham há algumas décadas.

Há vários tipos de família: com pais casados, recasados, solteiros ou viúvos; várias gerações vivendo dentro da mesma casa; pais biológicos e adotivos. Cada uma dessas organizações familiares tem suas próprias características, dificuldades e possibilidades. Pode existir um lar harmônico ou desarmônico em qualquer tipo de família. Crianças, jovens e adultos têm o poder de contribuir, de modo positivo ou negativo, para a qualidade da vida familiar.

Quando todos assumem sua parcela de responsabilidade como membros dessa pequena comunidade, é mais fácil alcançar os seguintes objetivos da vida em família:

a) Construir laços de amor e de solidariedade;

b) Ampliar a sensibilidade para escutar e entender o que os outros dizem;

c) Aumentar a capacidade de fazer acordos de convívio, respeitando as diferenças e buscando a harmonia, mesmo em momentos de divergência.

Na busca da integração entre família e escola, é fundamental ter como ponto de partida não só o reconhecimento da diversidade dos indivíduos, como também da diversidade das famílias e dos contextos em que vivem. Com esse alicerce, torna-se mais claro coordenar o objetivo básico da criação de filhos (favorecer o desenvolvimento da capacidade de cuidar bem de si mesmo e dos demais) com o objetivo básico da educação (favorecer o desenvolvimento das capacidades e das aptidões de cada um e do convívio em comunidade).

Dessa forma, podemos sintetizar o objetivo comum da integração família-escola: a **formação da cidadania responsável**. Família e escola são comunidades sociais, em que é preciso combinar a satisfação das necessidades individuais com as necessidades da coletividade. Para isso, tanto no lar quanto na escola, é preciso cuidar, nas miudezas do cotidiano, do desenvolvimento das seguintes qualidades:

a) cooperação;

b) gentileza;

c) solidariedade;

d) respeito;

e) consideração;

f) responsabilidade.

Há muitos trabalhos e publicações voltados para a melhoria da qualidade do relacionamento familiar e educacional. Além dos trabalhos anteriormente citados neste livro, cabe também mencionar a atuação da Escola de Pais do Brasil, movimento voluntário, gratuito, aberto a todos os pais interessados em melhorar a qualidade dos relacionamentos na família e na sociedade. Esse trabalho, que procura transmitir uma visão nova da educação dos filhos, surgiu inicialmente na França e se disseminou em vários países, incluindo o Brasil, com sede em São Paulo e mais de cem núcleos em atividade em diversos estados. O ponto de união entre todos esses trabalhos é o reconhecimento de que a busca de maior integração entre família e escola é um fator altamente positivo para a formação da cidadania e a transmissão de valores fundamentais ao bom convívio e à construção de uma sociedade mais justa.

- **Identificação com modelos positivos.** Para contrabalançar os efeitos negativos da glorificação da violência na mídia, é essencial realçar a atuação de figuras benéficas, que ajudam a construir a paz e a mitigar as injustiças, para que possam servir como modelos positivos. Pessoas que ocupam posição de destaque (como políticos, líderes de organizações, empresários) na mídia são especialmente visadas:

quando envolvidas em episódios de corrupção, desvio de verbas e outros atos antissociais que permanecem impunes, reforçam a impressão de que o país não tem conserto e que a população está entregue aos criminosos, incluindo os de colarinho branco. Por sua vez, a divulgação do balanço social das empresas (e não apenas de seu desempenho econômico-financeiro) ajuda a reforçar o papel do empresariado em iniciativas de promover o desenvolvimento da população carente.

- **Participação da comunidade no controle da violência.** O reforço da noção de cidadania e do poder da sociedade civil ativamente participante motiva a população a não ficar apenas se queixando da falta de iniciativa ou de vontade política dos governantes e a organizar movimentos para controlar e prevenir a violência.

No início da década de 1990, o Rio de Janeiro passava por uma grave crise na segurança pública. Lideranças empresariais e comunitárias se reuniram para organizar um movimento civil independente, em parceria com a Secretaria de Segurança. Assim, em 1995 foi criada a ONG Disque-Denúncia, central de atendimento telefônico com o objetivo de receber informações anônimas da população sobre atividades criminosas e outras formas de violência, como, por exemplo, maus-tratos e abandono de crianças e de idosos. As denúncias são passadas para agentes da polícia que investigam seu conteúdo. Este modelo de trabalho foi baseado na experiência internacional do *Crime Stoppers*. A população passou a participar de uma maneira segura no combate ao crime e no controle da violência: desde sua fundação até o fim de 2011, o Disque-Denúncia contabilizou mais de 1,5 milhão de ligações. Isso mostra a disposição da sociedade em participar ativamente do combate à impunidade e à omissão.

A elaboração de planos de trabalho eficazes depende da boa parceria entre os profissionais ligados a entidades governamentais, ONGs e a comunidade a ser atendida nos projetos de melhoria da qualidade de vida e de prevenção da violência. Um exemplo brasileiro bem-sucedido é o projeto "Meu Quarteirão no Mundo e o Mundo no meu Quarteirão", da Central de Voluntariado de Minas Gerais. Ele utiliza uma metodologia eficiente de gestão social que constrói a paz fortalecendo as competências das pessoas e a rede de solidariedade entre elas, abrindo caminhos para uma nova organização coletiva para, entre outras coisas, calçar ruas, construir praças, plantar mudas de árvores, promover cursos profissionalizantes e de alfabetização digital para pessoas de todas as idades. Isso amplia a visão do mundo, a inclusão social e a esperança. É a verdadeira e eficaz revolução social, que melhora a autoestima não só das pessoas, mas também da própria comunidade. Em 1999, o Centro de Referência Casa Azul, em Minas Gerais, incorporou esse projeto para minimizar os impactos negativos sobre as comunidades, como a violência, falta de infraestrutura, dificuldades de acesso à cultura e ao esporte, centrando suas atividades em torno do sucesso escolar, do trabalho e renda, da informática e desenvolvimento humano para a construção da paz.

- **O envolvimento positivo da polícia com a comunidade.** É possível combater o crime e prevenir a violência com uma polícia eficiente e não corrupta. Os esforços para sanear a corrupção e a infiltração de criminosos no próprio aparato policial, juntamente com a mudança de mentalidade para reforçar o policiamento ostensivo (de natureza preventiva), oferecer treinamento em direitos humanos aos policiais e melhorar seus salários, são medidas que estão apresentando resultados animadores em algumas cidades. Como acontece nas grandes cidades brasileiras, em Nova York a população já estava desesperançada de conseguir reduzir a criminalidade, mas os índices foram visivelmente reduzidos por uma estratégia bem-sucedida que incluiu, entre outras coisas, a prática de combater pequenas transgressões (urinar na rua, pichar muros, andar de moto sem capacete etc.), além de aumentar o contingente de policiais andando a pé, sempre pelas mesmas ruas, para conhecer melhor a comunidade do local (e também para serem conhecidos pelos cidadãos da área). A atuação não violenta da polícia ficou mais visível, reforçando a imagem de estar a serviço das comunidades, combatendo a impunidade.

Por sua vez, há o reconhecimento de que somente a atuação mais vigilante e eficaz da polícia não é suficiente para combater e prevenir a violência. Há a necessidade de envolvimento ativo de muitos outros segmentos da sociedade. Por isso, na experiência americana, simultaneamente aos projetos de reformulação da polícia, várias escolas engajaram-se em projetos de controle da violência.

No Brasil, também existem alguns programas nesse sentido. No projeto "Fica Vivo", ligado à Universidade Federal de Minas Gerais, a integração da tecnologia com serviços de inteligência (para montar os mapas dos pontos mais violentos da região), o policiamento comunitário, investimentos sociais para o atendimento das necessidades emergenciais da população e programas de capacitação contam com a maciça participação da comunidade. Em pouco tempo, o índice de criminalidade foi reduzido à metade. Esse projeto atua em várias frentes como, por exemplo, o programa "Bom de bola, bom de escola", que promove torneios de futebol em quadras das comunidades atendidas, sob a coordenação da Polícia Militar; na área da segurança alimentar, há o programa "Morro sem fome", em que os policiais militares recolhem alimentos em restaurantes para distribuir pela população carente, como mais uma ação de aproximação entre policiais e moradores. Além disso, há fóruns comunitários para que a população discuta ações que promovam a redução da violência.

Outro projeto que procura estimular a superação dos estereótipos e a convivência criativa entre policiais e jovens é o Juventude e Polícia, promovido pelo Grupo AfroReggae, ONG fundada em 1993 com o objetivo de oferecer formação cultural e artística para jovens moradores de comunidades de alta vulnerabilidade social que lhes abra oportunidades de construir caminhos de vida fora do narcotráfico e do subemprego. Na fase inicial do trabalho, a ONG verificou que falar em polícia chegava a ser um tabu para alguns jovens moradores de favelas e de periferias; por outro lado, os policiais contavam com poucas oportunidades de conviver com jovens fora do contexto do crime. Por meio de apresentações musicais, oficinas de vídeo, percussão, circo e teatro, o projeto Juventude e Polícia promove a aproximação entre jovens e policiais e tem conseguido mudar a realidade de muitas crianças, jovens e adultos.

Num cenário em que a truculência policial – respaldada pela impunidade – conduz a frequentes episódios de extrema violência e total desrespeito pela população, experiências que resultem nesse tipo de reformulação da polícia precisam multiplicar-se com a máxima urgência.

4.2 Reforçando as características da paz

Estas são as características básicas das pessoas que procuram resolver os conflitos de modo não violento:

- utilizam diversas estratégias para resolver conflitos, dependendo das circunstâncias e da natureza do problema;
- encaram o problema de cabeça fria, procurando perceber aspectos da situação que possam ser úteis para resolver o conflito, em vez de agir impulsivamente;
- levam em consideração o ponto de vista dos outros com relação ao problema e, portanto, conseguem vê-lo sob diferentes ângulos e não apenas segundo sua perspectiva;
- são capazes de buscar uma solução em que ambas as partes obtenham vantagens (postura de ganhar-ganhar), em vez de definir um ganhador e um perdedor;
- conseguem ter senso de humor para neutralizar ou diluir a tensão e a hostilidade;
- colocam-se, com tato, numa posição assertiva, defendendo seus direitos e mantendo a dignidade, em vez de provocarem, atacarem ou ficarem submissas.

É importante enfatizar que, embora alguns indivíduos apresentem essas características bem desenvolvidas pelo próprio temperamento, **elas podem ser desenvolvidas com o esforço de um trabalho pessoal focado em assumir um papel de construtor da paz.** A participação de pais e educadores também é muito importante: para incentivar os adolescentes a resolver conflitos de modo não violento, é preciso ajudá-los a entender a perspectiva dos outros, a preservar bons valores, a afirmar-se e a defender seus direitos de modos socialmente aceitáveis. Em resumo, é preciso que fique bem claro para os jovens que seus pais e educadores consideram as manifestações de hostilidade como sinal de fraqueza.

O aspecto que vários estudiosos, de diferentes campos e tendências, consideram básico é que, **para construir a paz no mundo, é preciso começar pela construção da paz dentro da gente mesmo** e com quem estiver à nossa volta. Como diz o psicólogo Pierre Weil:

> Mais do que a ausência de conflito, a paz é um estado de consciência. Ela não deve ser procurada no mundo externo, mas principalmente no interior de cada homem, comunidade ou nação [...]. Se não tratarmos o interior dos homens, bastará que alguém forneça a munição, e o conflito explodirá tão ou mais forte do que antes [...]. Se olharmos a paz apenas como ausência de guerra, abriremos mão de cultivá-la na consciência dos homens. Ficaremos satisfeitos retirando suas armas.

Para Weil, a educação pela paz tem como objetivo transmitir maneiras não violentas de resolver conflitos e transformar a energia do conflito em seus diferentes níveis (cultural, social, político e econômico) de modo construtivo. Para isso, a visão holística da arte de viver em paz precisa ser desenvolvida em três níveis:

1. **Do ser humano**. Descobrir como viver em paz consigo mesmo, integrando corpo, mente e emoções, depois de entender como os sentimentos de possessividade, rejeição e indiferença destroem a paz dentro da própria pessoa (ecologia interior).

2. **Da sociedade**. Aprender a viver em paz com os outros, encontrando maneiras de melhorar o convívio na família, no trabalho e no âmbito social para, dessa forma, reconstruir a paz na sociedade e promover a transformação social, revendo conceitos e ações na economia, na política e na cultura (ecologia social).

3. **Do ambiente**. Saber viver em paz com a natureza, respeitando todas as formas de vida, depois de entender o processo de destruição da natureza e os meios de restabelecer sua harmonia (ecologia planetária).

Para Weil, a abordagem holística enfatiza a simplicidade voluntária, que é um estilo de vida que se constrói a partir da revisão dos hábitos de consumo, procurando libertar-se da necessidade de ganhar mais dinheiro para consumir mais. Significa viver com conforto, mas com simplicidade, fazer um trabalho significativo, procurar reciclar materiais e evitar embalagens descartáveis que contribuam para o excesso de lixo, aprender novos hábitos de economia de energia e de água. Nessa **ecologização da consciência**, procura-se formar consumidores civilizados, capazes de autorrestrição em função da conservação da biosfera e da continuidade da vida na Terra. O dinheiro é tratado como um meio a serviço de valores humanos fundamentais, e não como um fim em si mesmo, já que o excessivo apego aos bens materiais gera emoções destrutivas, como o pavor da perda, a desconfiança, o ciúme, a agressão.

O ódio é o pior inimigo da paz interior, da amizade e da harmonia, isto é, dos três fatores que o Dalai-Lama considera essenciais para um desenvolvimento (positivo) que conduz a um mundo melhor. Ele diz: "É preciso reduzir o ódio e desenvolver a compaixão, a solidariedade. Dou a isso o nome de desarmamento interior". Como os sentimentos se transformam uns nos outros, ao olharmos mais a fundo nossas raízes de raiva e de ódio poderemos transformar grande parte desses ingredientes em bondade, amor e ternura, tão essenciais para a vida humana. A paz é, portanto, um processo, algo a ser continuamente construído. Cada pessoa que decide tornar-se um **construtor da paz** tem um valor imenso para o estabelecimento da paz mundial.

A ação conjunta de organizações governamentais e não governamentais; o esforço individual de um número crescente de pessoas para criar um clima harmônico em seus relacionamentos; o fortalecimento dos sentimentos de compaixão e de solidariedade que possam permear a sociedade como um todo poderão construir o caminho para o estabelecimento da cultura da paz.

4.3 Da cultura da violência para a cultura da paz

Milhares de organizações governamentais e não governamentais em todo o mundo estão empenhadas em promover um movimento mundial de construção da cultura da paz para enfrentar os enormes problemas atuais: os níveis crescentes de tensão; conflitos graves manifestados pelas inúmeras violações dos direitos humanos, pelo aumento da xenofobia, do racismo e das discriminações contra grupos minoritários; a ação destrutiva do fanatismo religioso; a profunda injustiça social derivada da extrema desigualdade de distribuição de renda, que resulta em guerras locais e em intenso fluxo de refugiados e imigrantes. Essa população que enfrenta imensas dificuldades em encontrar trabalho e condições dignas de sobrevivência vive marginalizada, em situação de degradação ambiental, com saúde precária. Juntamente com tudo isso, o terrorismo e o incremento do tráfico de drogas e de armamentos também contribuem para o clima de ameaça à paz no mundo.

Logo após o término da Segunda Guerra Mundial, vários estudiosos passaram a se dedicar à pesquisa da paz; surgiram inúmeros institutos, em todos os continentes, voltados para o estudo da paz e para a construção de um futuro pacífico, com confiança, esperança e amor. O próprio conceito de paz foi se modificando no decorrer das últimas décadas, partindo da definição tradicional da paz como ausência de guerra e chegando a uma visão sistêmica que integra a busca da paz interior com a busca da paz entre os homens e com a natureza. Os cientistas políticos Linda Groff e Paul Smoker descreveram as características de cada etapa da evolução do conceito de paz:

- **A paz como ausência de guerra.** É assim que a maioria das pessoas e os políticos ainda definem a paz.

- **A paz como equilíbrio de forças no sistema internacional.** Envolve fatores políticos, sociais, culturais e tecnológicos. O rompimento desse equilíbrio dá origem à guerra.

- **A paz no sentido negativo (ausência de guerra) e também no sentido positivo (a eliminação da violência estrutural).** Ao definir **paz positiva**, trabalha-se com o conceito de que um imenso número de mortes poderia ser evitado com a organização da sociedade para erradicar a miséria, a fome e as doenças, derivadas de condições precárias de vida e passíveis de prevenção.

- **A paz do ponto de vista feminista.** Pesquisadoras ligadas ao feminismo, a partir da década de 1970, começaram a enfatizar a importância da paz não só no nível macro (fim da violência estrutural), mas também no nível micro (fim da violência doméstica, a guerra dentro de casa). Com isso, a definição de paz se amplia: para vivermos num planeta pacífico, é preciso construir a paz no nível individual, assim como no nível global. Além disso, é preciso reconhecer a importância histórica da mulher como construtora da paz, em seu papel de cuidar do bem-estar dos outros, prestando assistência às crianças, aos doentes e aos idosos, responsabilizando-se pela alimentação, pelas roupas e pelo abrigo, procurando harmonizar os relacionamentos e buscando o consenso para resolver conflitos. Essa tecelagem cotidiana de amor e de cuidados sempre fez parte do universo feminino e da evolução da humanidade, embora esses aspectos não tenham sido valorizados nos livros de história.

• **A paz com o ambiente.** A teoria que considera a Terra como um organismo vivo (Gaia), que precisa ser cuidado com carinho e respeito, inspirou esta nova ampliação do conceito de paz no início da década de 1990. Os seres humanos constituem apenas uma entre as muitas espécies do planeta, cujo destino é muito importante e, portanto, todas as formas de violência entre os seres humanos e destes com o ambiente precisam ser evitadas. Essa visão mostra que estamos todos interconectados e somos interdependentes neste ecossistema global, que é a teia da vida. Vista do espaço, a Terra não tem fronteiras delimitando os países: os seres humanos formam uma grande família, habitando a mesma casa.

• **A paz interior e a exterior.** Essa visão da paz inclui a dimensão espiritual do ser humano, enfatizando a busca da paz interior como fator fundamental para a construção da paz com os outros seres humanos e com o mundo. Nessa visão holística (ou seja, não fragmentada), os diversos níveis da harmonia – pessoal, social e planetária – se complementam.

Portanto, o conceito de paz evoluiu no sentido de definir a influência de diversos fatores, em múltiplos níveis (micro e macro), passando de concepções negativas para positivas e focalizando a importância da paz interior, não apenas a da paz exterior. Logo, a definição de paz como ausência de guerra, apesar de continuar sendo importante, não mais esgota o conceito de paz. A construção da paz passa a ser vista como uma busca permanente da harmonia. Se, antes, se dizia: "Se queres a paz, prepara-te para a guerra", agora se diz: "Se queres a paz, prepara-te para a paz". Preparar-se para a paz é mais difícil do que preparar-se para a guerra. A. Pivovarov cita a definição de diferentes aspectos da paz proposta pelos Educadores para a Paz na Rússia:

> – Paz é a unidade do ambiente natural, social e espiritual dos seres humanos que precisa ser preservada, protegida e enriquecida;
> – Paz é a ausência de animosidade, existência de boas relações e cooperação frutífera entre povos e nações;
> – Paz é a harmonia em todos os níveis de relacionamento interpessoal (na família, no trabalho, na comunidade), tendo por base o respeito pelos direitos e pela dignidade das pessoas;
> – Paz é a habilidade e a capacidade de lidar com o conflito de modo realista, vendo-o como potencialmente construtivo e reconhecendo os interesses de todas as partes envolvidas;
> – Paz é a harmonia no interior de cada pessoa.

Em síntese, a paz significa cuidar bem de si mesmo, dos outros e do ambiente. É a expansão da capacidade amorosa. Um documento da Associação Internacional de Pesquisa sobre a Paz diz que, para construir a paz, é preciso cuidar do terreno que cria condições de justiça, respeito pelos direitos humanos, resolução não violenta de conflitos, tolerância pela diversidade e coexistência harmoniosa com a biosfera, dentro de um contexto em que os governos foram eleitos e atuam de forma democrática. Esse documento enfatiza que a noção de democracia não se limita apenas a uma modalidade de governo que conta com a participação do cidadão, mas também se refere ao modo como as pessoas se comunicam umas com as outras na família, no trabalho, nas associações, nas comunidades religiosas ou étnicas. O exercício da democracia precisa começar dentro da própria família e também na escola.

Quando fazer acordos de paz tem por objetivo dar mais poder aos poderosos à custa dos mais fracos, não há paz verdadeira, há opressão e submissão. Como diz Félix Martí, da Unesco:

> A paz é consequência da justiça. Em situações nas quais pessoas ou grupos são oprimidos, é normal haver violência e guerras. A história humana mostra uma série de situações violentas em consequência de constantes episódios de injustiça. A mudança que se seguiu ao advento da modernidade é que a injustiça não é mais considerada como uma consequência do destino, porém resultante de decisões de seres humanos e de estruturas que podem ser modificadas.

A educação para a paz não significa reprimir o dinamismo de crianças e jovens para torná-los dóceis e submissos (estratégia da "doce violência", que premia os "bonzinhos", incapazes de expressar uma opinião própria ou de deixar de fazer o que deles se espera). Ao contrário: o protagonismo juvenil é um campo promissor para as ONGs, no sentido de estimular a parceria com os adultos nos projetos de desenvolvimento comunitário e mudança social, em programas intergeracionais. Ainda é muito comum subestimar a visão de mundo e a contribuição de crianças e jovens para a construção da cultura da paz.

A paz também não é um estado entediante, resultante da repressão indevida da energia agressiva (e não de sua canalização), produzindo pessoas amorfas, conformadas com a situação estabelecida. Por fim, a paz tampouco é um estado de contemplação permanente, de passividade. Para construir a paz, é preciso ser ativo, criativo, empreendedor, com iniciativas inovadoras. Nesse sentido, a construção da verdadeira paz é um processo difícil e apaixonante, que precisa da adesão de milhares de pessoas e grupos no mundo inteiro.

4.4 Cuidando da família global e da casa planetária

O relatório de avaliação da Década para uma Cultura da Paz e de Não Violência para as Crianças do Mundo, organizada pela Unesco (2001-2010), mostrou resultados muito animadores: foram gerados milhares de ações no mundo inteiro congregando parcerias férteis entre indivíduos, organizações governamentais e não governamentais, empresas, associações e cooperativas para aprofundar a percepção de que é preciso cuidar bem da família humana global, composta por sete bilhões de membros habitando uma única casa planetária, organismo vivo que tece uma gigantesca teia da vida, com milhões de seres interligados. As ações giraram em torno de oito eixos fundamentais, cujo objetivo maior é a construção de um mundo mais justo e sustentável:

1. Cultura da paz pela Educação;
2. Economia sustentável e desenvolvimento social;
3. Compromisso com todos os direitos humanos;
4. Equidade entre gêneros;
5. Participação democrática;
6. Compreensão, tolerância, solidariedade;
7. Comunicação participativa e livre fluxo de informações e conhecimento;
8. Paz e segurança internacional.

Uma das ações que contou com a adesão de milhões de pessoas em todo o mundo foi o Manifesto 2000, documento criado por um grupo de ganhadores do Prêmio Nobel da Paz com o objetivo de estimular o senso de responsabilidade pessoal em relação à construção de um mundo melhor e consolidar a cultura da paz. Com o mote “A paz está em nossas mãos”, o Manifesto estimula as pessoas a adotar valores, comportamentos, atitudes que possam nortear a vida cotidiana no sentido de construir relações saudáveis na família, na escola, no trabalho, nas relações sociais e planetárias. Está organizado em torno dos seguintes eixos:

1. Respeitar a vida;
2. Rejeitar a violência;
3. Ser generoso;
4. Ouvir para compreender;
5. Preservar o planeta;
6. Redescobrir a solidariedade.

Outra ação importante foi a Carta da Terra (divulgada pela Comissão da Terra em 2000), cuja elaboração contou com uma rede global de grande diversidade, composta por indivíduos, organizações e instituições. É uma declaração de princípios éticos para cuidar bem, no século XXI, da família global e da casa planetária, convocando as pessoas a agir dando-se conta da interligação entre proteção ecológica, erradicação da pobreza, desenvolvimento econômico equitativo, respeito aos direitos humanos, democracia e paz. Colocar em prática os princípios que constam da Carta demanda grandes mudanças no coração e na mente das pessoas, no sentido de perceber que todos nós estamos interligados e temos responsabilidades compartilhadas.

Alguns trechos da Carta da Terra:

> Estamos diante de um momento crítico na história da Terra, numa época em que a humanidade deve escolher o seu futuro. À medida que o

> mundo torna-se cada vez mais interdependente e frágil, o futuro reserva, ao mesmo tempo, grande perigo e grande esperança.
>
> [...]
>
> A humanidade é parte de um vasto universo em evolução. A Terra, nosso lar, é viva como uma comunidade de vida incomparável. As forças da natureza fazem da existência uma aventura exigente e incerta, mas a Terra providenciou as condições essenciais para a evolução da vida. A capacidade de recuperação da comunidade de vida e o bem-estar da humanidade dependem da preservação de uma biosfera saudável com todos seus sistemas ecológicos, uma rica variedade de plantas e animais, solos férteis, águas puras e ar limpo. O meio ambiente global com seus recursos finitos é uma preocupação comum de todos os povos. A proteção da vitalidade, diversidade e beleza da Terra é um dever sagrado.
>
> [...]
>
> A escolha é nossa: formar uma aliança global para cuidar da Terra e uns dos outros ou arriscar a nossa destruição e a da diversidade da vida. São necessárias mudanças fundamentais em nossos valores, instituições e modos de vida.

Em 2000, analisando os maiores problemas mundiais, a ONU, por meio do PNUD (Programa das Nações Unidas para o Desenvolvimento), estabeleceu os Objetivos do Milênio, que no Brasil passaram a ser conhecidos como os Oito Jeitos de Mudar o Mundo. Os 191 Estados-membros das Nações Unidas assumiram o compromisso de atingir essas metas até o ano de 2015. A Rede Brasil Voluntário estimula as pessoas a agir para cumprir esses objetivos por meio do trabalho voluntário, com o mote: "Juntos nós podemos mudar a nossa rua, a nossa comunidade, a nossa cidade, o nosso país". Os Oito Jeitos de Mudar o Mundo são os seguintes:

1. Acabar com a fome e a miséria;
2. Educação básica de qualidade para todos;
3. Igualdade entre os sexos e valorização da mulher;
4. Reduzir a mortalidade infantil;
5. Melhorar a saúde da gestante;
6. Combater a aids, a malária e outras doenças;
7. Qualidade de vida e respeito pelo meio ambiente;
8. Todo o mundo trabalhando pelo desenvolvimento.

A ONU designou 2012 como o Ano Internacional da Energia Sustentável para Todos, com o objetivo de criar condições para expandir o uso e o acesso a energias renováveis. A Cúpula da Terra, realizada no Rio de Janeiro em 1992, abriu caminhos para realizar ações no caminho do desenvolvimento sustentável. Vinte anos depois, também na cidade do Rio Janeiro, programou-se a Conferência das Nações Unidas para o Desenvolvimento Sustentável (conhecida como Rio+20) para debater questões da economia verde em um contexto de desenvolvimento sustentável.

O Pnuma (órgão da ONU que trata do meio ambiente) define economia verde como:

> uma economia que resulta em melhoria do bem-estar da humanidade e igualdade social, ao mesmo tempo que reduz significativamente riscos ambientais e escassez ecológica. Em outras palavras, uma economia verde pode ser considerada como tendo baixa emissão de carbono, sendo eficiente em seu uso de recursos e socialmente inclusiva.

As intensas mudanças climáticas que estamos presenciando ameaçam o equilíbrio da nossa casa planetária e o bem-estar da família global (por exemplo, pelo aumento de tempestades, furacões, terremotos e outros desastres naturais que inviabilizam condições de vida e ocasionam o aumento dos chamados **refugiados ambientais**). Os relatórios do IPCC (sigla em inglês para Painel Intergovernamental de Mudanças Climáticas) alertam para a necessidade urgente de mudar padrões de consumo e de uso de combustíveis fósseis (petróleo, gás e carvão) que, ao liberar gases estufa, provocam o aquecimento do planeta a níveis insustentáveis, prejudicando imensamente a agricultura, o acesso à água e o equilíbrio dos ecossistemas (por exemplo, a redução das geleiras, a elevação do nível dos oceanos ameaçando cidades costeiras, aumento da intensidade e da ocorrência de secas e de inundações).

O problema é grave: nem todos os países estão realmente comprometidos com a redução das emissões de CO_2. O estudo da Global Carbon Project mostra que a liberação dos gases estufa atingiu o recorde de dez bilhões de toneladas de CO_2 em 2010, 5,9% a mais do que em 2009. Os Estados Unidos, a China e a Índia são os maiores poluidores, responsáveis por praticamente metade do total das emissões. Infelizmente, na Conferência do Clima realizada em Durban, em 2011, não se chegou a um consenso entre os países para costurar um acordo efetivo para a redução das emissões. A Revolução da Consciência ainda tem um longo caminho a percorrer.

O CEBDS (Conselho Empresarial Brasileiro para o Desenvolvimento Sustentável), criado em 1997, tem como objetivo estimular, no meio empresarial e nos demais segmentos da sociedade, a integração das três dimensões da sustentabilidade – econômica, social e ambiental. Considera que o desenvolvimento sustentável é a única saída para conciliar produção de riqueza e bem-estar para a sociedade, sem comprometer a sobrevivência do planeta e da espécie humana. Para isso, é preciso transformar o modelo econômico tradicional em uma nova maneira de fazer negócios.

Mas não são somente os governos e as empresas que precisam tomar medidas amplas para deter os danos ambientais. Os indivíduos construtores da paz também podem mudar muitos hábitos do seu cotidiano para cuidar bem do ambiente. O Instituto Akatu, criado em 2001 para orientar as pessoas para o consumo consciente, adota o lema "Consuma sem consumir o mundo em que você vive". Oferece sugestões práticas para fazermos a tão necessária Revolução da Consciência e nos tornarmos consumidores conscientes. Abaixo, algumas dessas sugestões, cujo mote é "Pequenas ações, grandes transformações":

1. Planeje suas compras – evite comprar por impulso, comprando menos e melhor;
2. Avalie os impactos do seu consumo – por exemplo, evitando as sacolas plásticas e as embalagens descartáveis;
3. Consuma apenas o necessário – procurando viver melhor com menos;
4. Reutilize produtos e embalagens – não compre outra vez o que você pode consertar, transformar ou reutilizar;
5. Separe seu lixo – recicle e contribua para reduzir a degradação ambiental.

Outras ações que os construtores da paz podem incorporar ao cotidiano é fazer uma revisão de hábitos simples de cuidados pessoais, como, por exemplo, tomar banhos rápidos, escovar os dentes com a torneira fechada, não a deixar pingando, não deixar lâmpadas acesas ou aparelhos elétricos ligados desnecessariamente. Movimentos da sociedade civil organizada podem pressionar governos a mudar políticas públicas para cuidar melhor das pessoas e do meio ambiente, como tornar obrigatória a coleta seletiva do lixo, aumentar a oferta de transportes públicos de boa qualidade, ampliar a construção de ciclovias para desestimular o uso de automóveis.

PAZ E SOLIDARIEDADE

Cuidar bem de nós mesmos e dos outros
E da nossa casa planetária
É assim que as crianças aprendem
Que nós todos podemos construir a paz
Ver que a solidariedade
Junto com a responsabilidade
Traz pra vida um sentido maior
Que é a essência da felicidade

4.5 Uma nova maneira de ver o conflito

Os conflitos acontecem em todos os relacionamentos humanos. Surgem das diferenças, especialmente quando as pessoas se sentem frustradas em suas necessidades (por exemplo, de amor, reconhecimento e respeito). Os conflitos não são bons nem ruins: o que define a qualidade são as maneiras com as quais lidamos com eles. Podemos colocar "lenha na fogueira" ou "água na fervura". O conflito é ruim quando resulta na intensificação das divergências e dos mal-entendidos, dando margem à escalada da hostilidade e da violência. Por outro lado, o conceito de "bom conflito" refere-se ao aproveitamento da divergência como terra fértil para criar soluções satisfatórias para ambas as partes, melhorando a qualidade do relacionamento e sendo um motor de mudanças.

Todos nós lidamos com os conflitos de diferentes maneiras. As principais são:

1. Negar ou fugir do problema – preferimos fazer de conta que o conflito não existe. É "varrer a sujeira para baixo do tapete", fazendo de conta, até para si mesmo, de que está tudo bem;
2. Abrir mão, acomodar-se – desconsiderar os próprios desejos e necessidades para não "bater de frente com o outro", temendo desagradá-lo;
3. Abusar do poder – desconsiderar as necessidades dos outros, impondo sua própria vontade, exigindo submissão;
4. Fazer concessões, barganhar – é o "toma-lá-dá-cá", em que cada um cede um pouco, mesmo que ambos saiam insatisfeitos com esse jogo;
5. Colaborar, fazer acordos – ouvir com sensibilidade as necessidades dos outros, expressar com clareza as suas próprias, descobrindo os pontos em comum nas divergências para que seja possível fazer um bom acordo de convívio.

Tradicionalmente, o conflito costuma ser encarado como algo ruim, negativo. De fato, o conflito pode desencadear forças imensamente destrutivas, rompendo a paz e a harmonia, gerando medo, raiva, ódio, frustração, insegurança, motivando reações agressivas para tentar forçar os outros a fazerem o que queremos, a se submeterem a nossos desejos, valores ou necessidades. Na escalada da violência, presenciamos um ciclo explosivo de reações, em que o ódio torna mais importante arrasar com os adversários do que resolver as divergências. Mas essa não é a única maneira de ver o conflito. Como mostra o cientista político N. Moawad, a transição da cultura da guerra para a cultura da paz demanda uma nova maneira de abordar os conflitos. Para construir uma cultura da paz, é preciso mudar atitudes, crenças e comportamentos – seja nas pequenas situações do dia a dia, seja nas grandes negociações entre países –, até tornar-se natural resolver os conflitos de modo não violento (por meio de acordos), e não de modo hostil.

Segundo essa visão – é preferível construir a paz a fazer guerras –, é essencial valorizar a vida e a afetividade nos relacionamentos a fim de construir uma base sólida para os acordos que resolvem os conflitos. Em vez de ver o conflito simplesmente como discórdia a ser resolvida pela agressão, pela "lei do mais forte", passa-se a considerar o conflito como algo que surge das inevitáveis diferenças, e não necessariamente destrutivo. O conflito pode ser encarado como algo que amplia o panorama da diversidade humana, passível de gerar uma busca conjunta de soluções mais satisfatórias para todos. Para resolver um conflito, não precisa haver um ganhador e um perdedor; na nova maneira de olhar o conflito, é possível adotar a estratégia do "ganhar-ganhar": encontrar soluções razoáveis para ambas as partes. Em vez de, rigidamente, encarar os outros sempre como adversários, poder encará-los como parceiros, tendo interesses comuns, numa ótica de cooperação.

Isso significa a possibilidade de realizar uma transformação construtiva de relações conflituadas. Dessa forma, pessoas, organizações e sociedades podem aprender, crescer e mudar, no processo de identificar os problemas em comum e procurar resolvê-los, fortalecendo-se nesse processo. Sem a transformação construtiva, os conflitos destrutivos consomem muitos recursos, tempo e energia, destruindo relacionamentos e prejudicando a produtividade, além de, com frequência, acarretarem desrespeito aos direitos humanos. No entanto, é possível aprender a prevenir o conflito destrutivo, da mesma forma como aprendemos a prevenir boa parte das doenças e das epidemias.

Estas são as formas mais produtivas de resolver conflitos:

• Consenso – as pessoas ou grupos em conflito trocam ideias entre si, livremente, até chegarem a um acordo, que seja uma solução essencialmente aceitável para todos os envolvidos. Isso pode acontecer seja nos pequenos impasses da vida diária (por exemplo, dois irmãos que repartem o quarto: um gosta de adormecer com a luz apagada e com silêncio, o outro gosta de adormecer vendo televisão – como podem resolver essa diferença de preferências de um modo razoável para ambos?), seja em questões maiores, envolvendo conflitos entre nações ou grupos divergentes dentro de um mesmo país (por exemplo, a queda do muro de Berlim foi resolvida por consenso, e não por uma guerra). Para haver a possibilidade de chegar a um consenso, é preciso que ambas as partes desejem realmente encontrar uma solução (esforço cooperativo) e não derrotar ou subjugar a outra parte (disputa competitiva). Portanto, o desejo de cada um precisa ser expresso com clareza; os sentimentos de raiva ou desagrado não precisam ser "engolidos", mas não podem ser manifestados de modo ofensivo ou prejudicial. A disponibilidade para ouvir o que o outro tem a dizer, entender seu ponto de vista, respeitar as necessidades do outro, assim como as suas próprias, é condição indispensável para resolver impasses e conflitos por consenso.

• Negociação – a capacidade de escutar e entender o ponto de vista dos outros é considerada como qualidade indispensável. O bom negociador precisa ser capaz de analisar as questões que cada uma das partes apresenta, concentrar-se nos respectivos interesses para que seja possível, a partir daí, chegar a um acordo pelo menos razoavelmente satisfatório para todos os envolvidos. Precisa conquistar a confiança dos outros para estabelecer uma boa relação de trabalho, equilibrando os aspectos emocionais e os racionais, comunicando-se de maneira clara e oportuna, recorrendo à persuasão e não à coerção. O poder é um elemento importante na negociação, mas as fontes de poder que o bom negociador utiliza referem-se à sua própria competência e ao conhecimento da situação, das pessoas e do processo; referem-se também à sua capacidade de facilitar a criação de propostas atraentes para negociar um acordo viável.

Como enfatiza o antropólogo William Ury, do Projeto de Negociação da Universidade de Harvard, sem comunicação não há negociação. É preciso expressar-se claramente e assegurar-se de que o outro entendeu o que dissemos (muitas vezes, ficamos pensando no que vamos dizer em seguida e não prestamos atenção ao que o outro fala). O outro problema são os mal-entendidos: o que um diz pode ser mal interpretado pelo outro. É difícil ouvir bem, especialmente num clima tenso de negociação. As partes precisam se perceber como sócias de um problema em comum para o qual precisam encontrar um acordo justo e vantajoso para ambas. A negociação é uma atividade compartilhada, com diferentes interesses e percepções, e com compromisso emocional.

- Mediação – o objetivo da mediação é ajudar as pessoas a se compreenderem melhor: o tema do conflito é discutido (por exemplo, perseguição, roubo, boatos, preconceito), as partes se escutam e se respeitam. A mediação é definida como uma negociação na presença de uma terceira pessoa aceita por ambas as partes em conflito, que ajuda a discutir tópicos difíceis com o objetivo de chegar a um acordo. O mediador não julga quem está certo ou errado: precisa ser imparcial, garantir sigilo ético e segurança e só trabalhar com o consentimento de participação voluntária de ambas as partes. Precisa dominar técnicas de facilitação para que as partes se entendam e cheguem a um acordo satisfatório.

Em escolas de vários países, muitos alunos estão sendo capacitados para atuar como mediadores de conflitos entre colegas. Esses jovens aproximam-se de colegas que estão brigando e perguntam se querem conversar a respeito, seguindo algumas regras básicas, tais como não interromper quem fala, expressar sentimentos, concordar em buscar uma solução para o problema. Com isso, verifica-se uma redução significativa de comportamentos violentos e dos índices de suspensão. Participar de uma sessão de mediação não anula a punição pela indisciplina; mas pode vir depois dela, até como parte do processo de retorno pós-suspensão, como acontece nos Estados Unidos, em que muitas escolas exigem que os alunos suspensos resolvam seus conflitos com outros alunos e professores antes de retornarem.

Quando as partes não conseguem conversar em conjunto, as sessões de mediação precisam ser feitas separadamente, até que seja possível uma reunião geral. Na mediação com grupos grandes que se confrontam com muita hostilidade, é difícil garantir a segurança. Nesses casos, é melhor que as partes em conflito elejam um representante para a mediação, que depois se entende com seu grupo. Com gangues, o processo de construir a confiança é demorado. A mudança de conduta acontece quando os membros da gangue sentem que os adultos acreditam neles e os olham primeiramente como pessoas, não apenas como membros de uma gangue.

Também está crescendo em vários países o trabalho de mediação do divórcio, em que um advogado e/ou um terapeuta de famílias trabalha com o homem e a mulher que estão em sérios conflitos em função do término do casamento, com o objetivo de que eles consigam separar-se fazendo acordos satisfatórios com relação à divisão dos bens e, sobretudo, que mantenham uma boa relação parental, para que os filhos sejam bem atendidos em suas necessidades de amor e proteção por parte de ambos. Países ou etnias em conflito que não conseguiram fazer acordos ou negociações também precisam da presença de mediadores (diplomatas, chefes de Estado) para restabelecer a paz após a eclosão da guerra, ou para preveni-la.

Sacerdotes, pessoas idosas consideradas como sábias dentro de suas comunidades, amigos ou parentes também podem exercer a função de mediadores em muitas situações conflitivas, desde que estabeleçam uma relação de confiança com ambas as partes. Como no consenso e na negociação, o objetivo da mediação é ajudar as partes em oposição a resolver o conflito de modo não violento, encontrando soluções aceitáveis. Portanto, no consenso, na negociação e na mediação, a capacidade de escutar e entender a maneira como os outros pensam, sentem e veem a situação; a capacidade de se expressar de maneira clara e não ofensiva aos demais; a capacidade de atacar o problema sem atacar as pessoas; a criatividade e a flexibilidade na elaboração de soluções possíveis são qualidades a serem permanentemente desenvolvidas para resolver conflitos de modos não violentos.

• Arbitragem – uma terceira pessoa (aceita pelas partes), após ouvir ambas as partes e avaliar o caso, decide o melhor caminho para resolver o problema. Muito usada em disputas comerciais ou entre sindicatos e patrões.

Portanto, o conflito, em todos os caminhos de resolução não violenta, pode ser terra fértil para aprofundar a compreensão das diferenças, para ampliar a visão das questões e dos problemas, para atuar criativamente e com flexibilidade na busca de soluções. Com isso, é possível descobrir *o* **potencial positivo dos conflitos**. Por esses motivos, ao construir uma cultura da paz, não se tem por objetivo eliminar os conflitos (missão impossível), mas resolvê-los sem violência (objetivo possível de ser alcançado). Assim, passa-se a encarar a violência como algo inaceitável, não só no relacionamento entre as pessoas, mas também entre as nações. Isso conduz à necessidade de modificar comportamentos e valores, buscando-se construir uma **ética global**, que enfatize o desenvolvimento da solidariedade, da democracia e do respeito pelos direitos humanos e pela preservação ambiental.

A grande esperança para o século XXI é transmitir uma visão de mundo centrada na paz, cuja base é a consciência da unidade da humanidade na diversidade. A grande meta é a criação de uma civilização de paz, que rejeita todas as formas de preconceito e de segregação, aplicando princípios éticos universais em todos os níveis de governo.

Segundo o Instituto Internacional de Educação para a Paz, da Universidade Internacional de Landegg, na Suíça, a educação para a paz é a "pedagogia da civilização", importante para capacitar as novas gerações a serem construtores da paz. Os principais pontos do programa são: aprofundar o entendimento da dinâmica da unidade na diversidade na prática da democracia; compreender a dinâmica do conflito e desenvolver métodos criativos para solucioná-lo, fazendo a prevenção da violência; formar uma liderança da paz e perceber as consequências do abuso do poder.

A questão básica é: como os conflitos destrutivos podem se transformar em negociações construtivas? O primeiro passo é desenvolver a capacidade da **tolerância**, ou seja, a aceitação das diferenças, com a mente aberta para compreender os outros na diversidade cultural e histórica, vendo como ponto em comum o fato de todos nós sermos humanos, apesar das diferentes maneiras de ser e de viver. A paz no espírito e no coração das pessoas pressupõe a capacidade de aceitar a diversidade. Nos programas de educação para a tolerância, enfatiza-se a necessidade de renunciar à violência e adotar meios pacíficos para resolver os conflitos, procurando incentivar as crianças e os jovens a valorizarem e expressarem sentimentos de altruísmo, respeito pelos outros, solidariedade e participação social.

No documento da Unesco sobre a educação para a tolerância, lê-se:

> A intolerância origina-se da crença de que seu próprio modo de vida é superior ao dos outros. Ela pode ter várias consequências, desde simples falta de civismo ou de delicadeza para com os outros até sistemas sociais complexos tais como o *apartheid* ou a destruição proposital de um povo num ato de genocídio. Todas essas atitudes têm sua origem na negação do valor fundamental da pessoa humana. Portanto, o objetivo primordial da educação para a tolerância é a apreciação e o respeito pela dignidade humana e a integridade de todas as pessoas [...]. A intolerância é um sintoma que pode acarretar uma perigosa doença social: a violência. A violência é uma patologia que requer a mobilização de todos os esforços possíveis para proteger a saúde e o bem-estar da sociedade.

Como mostram Janusz Symonides e Kishore Singh, da Unesco, a atual cultura da violência baseia-se em desconfiança, intolerância e ódio, na incapacidade de interagir construtivamente com todos aqueles que são diferentes. Para enfrentar isso, é preciso desenvolver uma cultura da paz baseada em não violência, tolerância, compreensão mútua, solidariedade e capacidade de resolver conflitos de modo construtivo. É dessa nova cultura que o mundo necessita e, para consegui-la, é preciso estabelecer um código de ética planetário, baseado nos valores fundamentais que possibilitam o convívio pacífico, dando origem a novos padrões de conduta para indivíduos, grupos e nações.

Em síntese: a cultura da paz baseia-se na criação de padrões de comportamento e recursos de comunicação não violentos. O exercício de tolerar as diferenças começa dentro da própria família, na arte do convívio entre pessoas de idades, temperamentos, desejos e necessidades diversos. A busca do convívio pacífico na família é uma contribuição muito importante para a construção da paz no mundo. A educação, na família e na escola, é o caminho fundamental para a construção da cultura da paz, ao fortalecer a crença de que a paz é extremamente importante para a humanidade, ao criar uma mentalidade de não violência e de participação na comunidade em favor da paz.

Reconhece-se, igualmente, a importância da mídia na formação de atitudes, julgamentos e valores: notícias de guerra e violência vendem mais exemplares de jornais e de revistas e dão maior audiência aos noticiários. O grande desafio é: como a mídia pode fazer parceria na criação da cultura da paz? Em todas essas dimensões do convívio humano, podemos agir em favor da paz e evitar contribuir para o aumento da violência.

A educação para a tolerância integra a **educação internacional**, ramo especializado da educação cujo objetivo é promover a compreensão entre os povos e as nações, a paz, a cooperação, o respeito pelos direitos humanos e pelas liberdades fundamentais. A grande meta é desenvolver a "cidadania planetária", que emerge apesar das fronteiras entre diferentes sistemas políticos, reconhecendo que a crescente interdependência entre povos e nações demanda novos compromissos, obrigações e deveres da comunidade mundial. Essa interdependência cresce por vários meios: pelas relações políticas, econômicas e culturais, pelo comércio, pelos meios de comunicação de massa, pelo turismo, bem como pelo fluxo maciço de migrações e de refugiados que carregam consigo a esperança de encontrar melhores condições de vida em outras regiões, países ou continentes. A abordagem integrada da educação internacional é uma resposta necessária em face da ligação entre a paz, o desenvolvimento, a proteção ambiental, os direitos humanos e a necessidade de elaborar urgentemente uma ética global que permita lidar de modo mais eficaz com os enormes desafios e ameaças presentes no mundo de hoje.

O BOM CONFLITO

Aprender com as diferenças
É muito mais interessante
Do que reclamar de que os outros
Não pensam o mesmo que a gente
Conflito é bom quando as pessoas se escutam
E conseguem criar juntas uma boa solução!
Harmonizando as diferenças
Expandindo as semelhanças
Atacamos nossos problemas
Sem atacar as pessoas
E assim será possível
Fazer bons acordos de convívio
Para todos nós conseguirmos
Viver uma vida melhor

5. Conclusão: o que precisamos fazer para sermos construtores da paz

Milhões de pessoas no mundo inteiro estão fazendo a Revolução da Consciência, tentando viver de acordo com a ética do cuidar bem (de si mesmo, dos outros e do ambiente), o pilar da construção da paz. Com isso, constrói-se, passo a passo, a transição da cultura do consumismo para a cultura da sustentabilidade, como mostra o Relatório Estado do Mundo 2010, do Worldwatch Institute.

Esse Relatório aborda os graves problemas a serem enfrentados no século XXI (mudanças climáticas, degradação de recursos, aumento da população e da pobreza) e divulga estratégias inovadoras que estão sendo aplicadas em várias partes do mundo para construir um mundo sustentável, em que a paz predomine. Por exemplo, os projetos para aumentar a oferta de fontes de energias renováveis (especialmente a solar e a eólica) com menor custo:

isso é considerado um dos principais caminhos para mitigar os efeitos dos gases estufa e prevenir conflitos graves entre países em torno da disputa pelo que resta dos reservatórios de combustíveis fósseis. A mudança de hábitos alimentares é outra questão importante: calcula-se que um terço do total de alimentos produzidos no mundo seja desperdiçado a cada ano (o que corresponde a cerca de 1,3 bilhão de toneladas). Isso seria suficiente para alimentar o bilhão de pessoas famintas que há no mundo. Sem esse desperdício, seria possível promover melhor qualidade de vida para a família humana, com os mesmos recursos.

A cultura do consumismo está destruindo os ecossistemas planetários. Continuar nessa trilha coloca em risco nossa sobrevivência e a de milhares de outros seres da teia da vida. No entanto, o consumismo não faz parte da natureza humana; foi uma cultura construída no decorrer de alguns séculos. Portanto, nada impede que famílias, escolas, empresas, governos, mídias, movimentos sociais e outras organizações se juntem para construir uma cultura de sustentabilidade capaz de reverter os danos que já estão presentes. A construção da cultura consumista nos fez "comprar" a ideia de que a felicidade depende de possuir os objetos de desejo. Não dá mais para continuar pensando assim: atualmente, a humanidade está usando um terço a mais de recursos do que a Terra é capaz de suportar. A transição para a cultura da sustentabilidade é a saída: quando estiver mais profundamente incorporada na mente da maioria das pessoas, isso será vivido de modo natural e desejável.

Muitas iniciativas na direção da sustentabilidade estão se consolidando. Uma delas é a Cruz Verde Internacional, fundada em 1993 por Mikhail Gorbachev, ex-presidente da Rússia. Considerando que um terço da humanidade não tem acesso adequado a água e a energia (condenando um enorme número de pessoas à pobreza), essa organização tem se dedicado a promover projetos (como, por exemplo, o "Água para a Paz") que aumentam o acesso aos recursos hídricos para a população de diversos países. Na área da energia (lembrando que, sem energia elétrica, nosso atual modo de viver ficaria inviabilizado), há projetos para incrementar as fontes de energia sustentável, como o Fundo Global Solar, que procura reduzir os custos desse tipo de energia. A Cruz Verde também atua na promoção da mudança de valores e de comportamentos que resultem em maior nível de solidariedade entre as nações, por meio de programas educacionais cujo objetivo é ampliar a consciência da responsabilidade coletiva pela família global e pela casa planetária, ajudando as pessoas (incluindo as crianças) a fazer a ligação entre os problemas de segurança, de pobreza e do meio ambiente.

O filósofo e teólogo brasileiro Leonardo Boff, refletindo sobre as etapas da evolução da Terra e da espécie humana, fala da passagem da "era tecnozoica" para a "era ecozoica". A primeira, que utiliza os poderosos instrumentos da tecnociência, trouxe o mito do progresso como sinônimo de consumo: isso resultou na exploração do planeta de modo tão poluidor a ponto de deixá-lo sem condições de digerir a enorme quantidade de elementos tóxicos produzidos nestes últimos séculos. Todo esse desequilíbrio resultou em alguns benefícios para minorias privilegiadas, excluindo uma grande parte da população mundial de uma qualidade de vida digna. A transição para a "era ecozoica" significa compreender que o progresso não pode estar dissociado do respeito pela natureza, uma vez que a Terra é um superorganismo capaz de autorregulação e que se renova, conectando tudo com tudo e todos com todos. Quando a humanidade atingir plenamente a era ecozoica, a ecologia será o fator fundamental, a partir do qual as atividades humanas serão organizadas, incluindo a economia, produzindo e consumindo dentro dos limites sustentáveis do planeta, para resguardar o bem-estar das gerações futuras.

O geógrafo Milton Santos aprofundou a reflexão sobre a questão da globalização tal como está e como poderá vir a ser, quando ampliarmos o trabalho da construção da paz. Vivemos um momento singular na história da humanidade em decorrência do progresso tecnológico, que permite difundir a informação instantaneamente por todo o planeta. A informação e a produção globalizadas resultam em alto grau de competitividade entre as grandes empresas transnacionais em busca do lucro em escala global. Tudo isso, no entanto, beneficia apenas um pequeno grupo de bancos, empresas, Estados e organismos internacionais poderosos. Milton Santos, falecido em 2001, chamou essa globalização de perversa, porque, ao se centrar no capital financeiro, aumentou a desigualdade social, o desemprego e a insegurança do cotidiano, impedindo que as enormes possibilidades das pesquisas científicas e dos recursos técnicos fossem utilizadas de maneira justa. No entanto, dizia ele, a atual forma de globalização não é irreversível: é possível construir uma globalização baseada na solidariedade, que inclua todos os seres humanos no direito ao bem-estar, porque já existem condições técnicas para que isso se concretize.

O trabalho de muitos pensadores que atuaram e atuam como construtores da paz está consolidando novas formas de agir na busca do progresso com justiça social e respeito pelo planeta. O conceito de desenvolvimento sustentável surgiu desse novo olhar: suprir as necessidades da geração atual e das futuras conciliando o desenvolvimento econômico com a preservação da natureza. Isso, evidentemente, depende de mudanças no padrão de consumo. Esse conceito começou a ser elaborado entre 1983 e 1987, resultando no documento "Nosso Futuro Comum – o Desenvolvimento Sustentável", também conhecido como Relatório Brundtland, da Comissão Mundial sobre Meio Ambiente e Desenvolvimento, criada pela ONU. O Relatório mostrou que é possível pensar o desenvolvimento das nações do mundo com o compromisso de eliminar a pobreza, satisfazendo as necessidades básicas de saúde, alimentação e moradia da família global, privilegiando as fontes renováveis de energia.

O movimento da economia solidária está em perfeita sintonia com o conceito de desenvolvimento sustentável. Começou a tomar impulso nas últimas décadas do século XX e está em rápida expansão em vários países, incluindo o Brasil. Cresce em função das crises sociais desencadeadas pela competição desenfreada típica do capitalismo dominante, que visa prioritariamente o lucro de seus empreendimentos, sem se importar com os danos causados ao meio ambiente e às populações. Busca criar uma cultura de cooperação, colocando o respeito ao ser humano e ao ambiente como centro de suas ações.

Em 2003, foi criada a Secretaria Nacional de Economia Solidária (Sedaes) no âmbito do Ministério do Trabalho, coordenada pelo economista brasileiro Paul Singer, que considera a economia solidária como uma estratégia de luta contra a desigualdade social e o desemprego. Ele a define como um modo de produção que se caracteriza pela igualdade de direitos: sua unidade típica é a cooperativa de produção que funciona no modelo da autogestão, ou seja, todos os que trabalham são donos do negócio e todos os que são donos trabalham no negócio, compartilhando responsabilidades e decisões. O capital é constituído por cotas distribuídas por igual entre todos os membros, ao contrário das empresas capitalistas, nas quais o poder de decisão e o lucro estão concentrados em poucas mãos, desfavorecendo a massa dos trabalhadores.

Há vários tipos de empreendimentos que se estão desenvolvendo nessa ótica da economia solidária: cooperativas de artesãos, agricultores familiares, profissionais liberais (médicos, psicólogos, taxistas e outros prestadores de serviços), fundos rotativos de crédito, clubes de trocas solidárias de bens e serviços (com ou sem o uso das chamadas moedas sociais ou complementares), empresas de autogestão criadas a partir de empresas capitalistas falidas que foram recuperadas por seus trabalhadores. O Fórum Brasileiro de Economia Solidária contribui para a articulação de mais de três mil empreendimentos que visam a construir outro modelo de desenvolvimento econômico tendo por base a economia solidária.

A esperança dos construtores da paz que já atuam no mundo é a de que, se mais algumas centenas, milhares, milhões de pessoas decidirem construir a paz, esse movimento crescerá com um impulso tão forte que fará uma verdadeira revolução mundial, revertendo a situação atual de violência, injustiça e desigualdade para formar uma sociedade humana capaz de convívio fraterno e solidário.

Esse ideal tão grande só se transformará em realidade se a busca da paz começar a acontecer de um modo mais constante e consistente nos pequenos momentos do dia a dia. Por esse motivo, a decisão de cada pessoa construir a paz em sua vida diária é importante, assim como cada pequeno tijolo é importante na construção do grande prédio. Para sermos construtores da paz, não precisamos esperar ter mais idade, ocupar cargos de direção, assumir postos de liderança ou qualquer outra posição de destaque. É a tecelagem amorosa do cotidiano o que mais importa, são os pequenos gestos de gentileza, consideração, respeito, cooperação que constroem o alicerce do clima harmônico e pacífico com os que estão à nossa volta.

Os construtores da paz não são serenos o tempo inteiro nem vivem num eterno mar de rosas. São gente de carne e osso, com seus momentos de raiva, desespero, indignação, tristeza, desânimo diante de problemas, conflitos, rompimentos e outros tantos desafios da vida. Mas sabem que as dificuldades estão aí para serem superadas, que os obstáculos fazem parte do caminho e que é preciso manter a disposição para encontrar as saídas. **Os construtores da paz conseguem manter a esperança porque acreditam na força do amor.**

Sites recomendados

(Acessos em: 10 abr. 2012)

http://www.censo2010.ibge.gov.br – Sobre os dados do Censo 2010.

www.hrw.org – Sobre o trabalho da Human Rights Watch na defesa dos direitos humanos.

www.ilo.org – Sobre as ações da Organização Internacional do Trabalho.

www.pnud.org.br – Sobre as ações do Programa das Nações Unidas para o Desenvolvimento.

http://www.terradoshomens.org.br/ – Sobre o trabalho da ABTH com a cultura da adoção e a reintegração familiar.

www.sejus.df.gov.br – Sobre as ações da Secretaria de Justiça e a Lei Maria da Penha.

www.grupomada.com.br – Apresenta o trabalho do grupo Mada – Mulheres que Amam Demais Anônimas.

http://portalsaude.saude.gov.br/portalsaude/index.cfm – Sobre as ações do Ministério da Saúde no Brasil.

https://www.pastoraldacrianca.org.br – Sobre a atuação da Pastoral da Criança.

www.safernet.org.br – Sobre o uso responsável da tecnologia e o desenvolvimento da autoproteção na rede.

www.eric.ed.gov/PDFS/ED401346.pdf – Documento sobre o programa "Desaprendendo a violência", do Departamento de Educação da Universidade de Minnesota, EUA.

www.turnofftheviolence.org – Sobre a campanha "Desligue a violência", feita nos Estados Unidos.

www.mostofus.org – Sobre os trabalhos realizados para melhorar a saúde das comunidades.

www.espereniteroi.com – Sobre as Escolas de Perdão e Reconciliação.

http://www.justiciarestaurativa.org – Sobre as experiências de trabalho utilizando a perspectiva da justiça restaurativa.

www.cdi.org.br/ – Sobre o trabalho do Comitê para a Democratização da Informática.

greenbeltmovement.org – Sobre o Movimento Cinturão Verde, que promove o reflorestamento de áreas degradadas.

www.fundabrinq.org.br – Sobre as ações da Fundação Abrinq para erradicar o trabalho infantil.

www.mds.gov.br – Sobre o Programa Bolsa Família do Ministério do Desenvolvimento Social e Combate à Fome.

www.gife.org.br – Sobre o trabalho do Grupo de Instituições, Fundações e Empresas.

http://www.cruzadadomenor.org.br – Sobre as ações da ONG para o desenvolvimento de pessoas e de comunidades.

http://www.dprf.gov.br/PortalInternet/leiSeca.faces – *Site* da Polícia Rodoviária Federal com informações sobre a Lei Seca.

http://oneearthfuture.org – Sobre o trabalho de coordenar a arquitetura da governança global.

www.sangari.com – Sobre o Mapa da Violência, organizado pelo Instituto Sangari.

www.entreguesuaarma.gov.br – Sobre a Campanha Nacional do Desarmamento.

www.projetoaxe.org.br – Sobre as ações do Projeto Axé com crianças e jovens em situação de vulnerabilidade social.

http://www.uppsocial.com.br – Sobre o projeto das Unidades de Polícia Pacificadora e suas ações sociais nas comunidades.

http://www.unesco.org – Sobre as ações da Unesco e o Programa de Cultura da Paz.

www.comitepaz.org.br – Sobre as ações que promovem a cultura da paz no Brasil.

http://conflict.colorado.edu/ – Portal sobre transformação de conflitos organizado pela Universidade do Colorado, EUA.

www.williamury.com – Apresenta o trabalho do antropólogo William Ury sobre construção da paz e mediação de conflitos.

www.escoladepais.org.br – Sobre o trabalho da Escola de Pais do Brasil.

www.disquedenuncia.org.br/ – Apresenta o trabalho da central telefônica que acolhe informações anônimas sobre atividades criminosas.

http://occupywallst.org/ – Sobre o movimento Ocupe Wall Street e suas repercussões em diferentes países.

www.cartadaterrabrasil.org – Apresenta o texto integral da Carta da Terra que convoca as pessoas para cuidar melhor da família global e da casa planetária.

www.objetivosdomilenio.org.br/ - Sobre a participação das pessoas para mudar o mundo para melhor.

www.akatu.org.br – Sobre as ações do Instituto Akatu para o consumo consciente.

www.cebds.org.br/ – Sobre as ações do Conselho Empresarial Brasileiro para o Desenvolvimento Sustentável.

http://www.sebrae.com.br/ – Orientação para consolidar empreendimentos de economia solidária.

www.fbes.org.br – Sobre o Fórum Brasileiro de Economia Solidária.

www.gci.ch – Sobre as ações da ONG Green Cross International.

www.leonardoboff.com – Sobre o trabalho de Leonardo Boff.

www.worldwatch.org/ – Sobre o Relatório Estado do Mundo 2010, que aborda a transição da cultura do consumismo para a cultura da sustentabilidade.

Bibliografia

ASSIS, S.; Pesce, R.; Avanci, J. *Resiliência* – enfatizando a proteção dos adolescentes. Porto Alegre: Artmed, 2006.

ASSOCIATION INTERNATIONALE DE RECHERCHE SUR LA PAIX. *Manuel pour l'enseignement relatif à la résolution des conflits, aux droits de l'homme, à la paix et à la démocratie*. Paris: IPRA/Unesco, 1995.

ATAÍDE, Y. D. B. *Decifra-me ou devoro-te – história oral da vida dos meninos de rua de Salvador*. São Paulo: Loyola, 1993.

BOFF, L. *Do iceberg à arca de Noé*. Rio de Janeiro: Garamond, 2002.

BOULDING, E. *Cultures of peace, the hidden side of History*. Nova Iorque: Syracuse University Press, 2000.

CAPLAN, G. *Principles of preventive psychiatry*. Nova Iorque: Basic Books, 1964.

CAPRA, F. *Conexões ocultas*. São Paulo: Cultrix, 2002.

CASTELLS, M.; CARDOSO, G. (Orgs.) – *The Network Society*: from Knowledge to Policy. Washington. John Hopkins Center for Transatlantic Relations, 2005.

CENTRAL DE VOLUNTARIADO DE MINAS GERAIS. *Gente cuidando das Águas*. Belo Horizonte: Mazza Edições, 2002.

_______. *Meu quarteirão no mundo e o mundo no meu quarteirão*. Belo Horizonte: Mazza Edições, 2002.

CHESNAYS, J.-C. "Razões da violência". Revista *Veja*, 13 set. 1995.

CYRULNIK, B.; Delage, M. *Famille et Résilience*. Paris: Odille Jacob, 2010.

DALAI-LAMA. *A prática da benevolência e da compaixão*. Rio de Janeiro: Nova Era, 2002.

DESLANDES, S. F. *Prevenir a violência* – um desafio para profissionais de saúde. Rio de Janeiro: Fiocruz/ENSP/Claves, 1994.

ESTATUTO DA CRIANÇA E DO ADOLESCENTE. São Paulo: Manuais de Legislação Atlas, 1991.

FARRINGTON, D. "The need for longitudinal-experimental research on offending and antisocial behavior". In: McCORD, J.; TREMBLAY, R. *Preventing antisocial behavior*. Londres: The Guilford Press, 1992.

FLACH, F. *Resiliência, a arte de ser flexível*. São Paulo: Saraiva, 1991.

GOLEMAN, D. *Inteligência emocional*. Rio de Janeiro: Objetiva, 1996.

GROFF, L. & SMOKER, P. "Creating global/local cultures of peace". In: *From a culture of violence to a culture of peace*. (Peace and Conflict Issues Series.) Paris: Unesco, 1996.

MALDONADO, M.T. *Bullying e cyberbullying*. São Paulo: Moderna, 2011.

__________. *O bom conflito*. São Paulo: Integrare, 2008.

__________.; Dickstein, J. *Nós estamos grávidos*. São Paulo: Integrare, 2010.

MARTÍ, F. "Understanding and dialogue between religions to promote the spirit of peace". In: *From a culture of violence to a culture of peace*. (Peace and Conflict Issues Series.). Paris: Unesco, 1996.

MAYOR, F. "Paz: uma ideia sempre nova". *O Correio da Unesco*, ano 24, n. 1, jan. 1996.

MINAYO, M. C. "Inequality, violence and ecology in Brazil". *Cadernos de Saúde Pública*, Rio de Janeiro, v. 10, n. 2, abr./jun. 1994.

MOAWAD, N. "An agenda for peace and a culture of peace". In: *From a culture of violence to a culture of peace*. (Peace and Conflict Issues Series.) Paris: Unesco, 1996.

MURRAY, J. "Quelques notes sur des mécanismes de règlement efficaces". In: *Manuel pour l'enseignement relatif à la résolution des conflits, aux droits de l'homme, à la paix et à la démocratie*. Paris: IPRA/Unesco, 1995.

OSOFSKY, J. *Children in a violent society*. Nova Iorque: Guilford Press, 1997.

PINHEIRO, P. S. "O passado não está morto: nem passado é ainda". In: DIMENSTEIN, G. *Democracia em pedaços*. São Paulo: Companhia das Letras, 1996.

PIVOVAROV, A. "Towards a culture of peace". In: *International practical guide on the implementation of the recommendation concerning education for international understanding, cooperation and peace and education relating to human rights and fundamental freedoms*. Unesco, 1994.

SANTOS, M. *Por uma outra globalização*. Rio de Janeiro: Record, 2001.

SIEGEL, D. *Mindsight, the new science of personal transformation*. Nova Iorque: Random House, 2010.

SYMONIDES, J. & SINGH, K. "Constructing a culture of peace: challenges and perspectives – an introductory note". In: *From a culture of violence to a culture of peace.* (Peace and Conflict Issues Series.) Paris: Unesco, 1996.

SZALAVITZ, M.; PERRY, B. *Born for love.* Nova Iorque: Harper Collins, 2010.

URY, W. *Getting to Peace.* Nova Iorque: Viking, 1999.

VÁRIOS AUTORES. "The role of the pediatrician in violence prevention". In: *Pediatrics*, v. 84, n. 4, 1994.

WACQUANT, L. "Distúrbios na cidade". *O Correio da Unesco*, ano 21, n. 4, 1993.

WEIL, P. *A arte de viver em paz.* São Paulo: Gente, 1990.

WINNICOTT, D. W. *Through pediatrics to psychoanalysis.* Londres: The Hogarth Press,1975.

YUNUS, M. *O banqueiro dos pobres.* São Paulo: Ática, 1997.

__________. *Criando um negócio social.* São Paulo: Campus, 2010.

ZALUAR, A. *Condomínio do diabo.* Rio de Janeiro: Revan, 1994.